editio calendario
coloniae

FSC

www.fsc.org

MIX

Papier aus ver-
antwortungsvollen
Quellen
Paper from
responsible sources

FSC® C105338

Andreas Graf
(Bearb.)

Die
Drucker, Verleger, Herausgeber, Hersteller und
Händler (Krämer, Wholesalers, Stohrhalter,
Buchhändler, Apotheker)
von
Deutsch-Amerikanischen Kalendern
des 18. und 19. Jahrhunderts,
ein
Register nebst **Anhang**

The
Printers, publishers, editors, calendar makers and
-dealers (grocers, wholesalers, stockists,
booksellers, pharmacists)
from
German-American calendars
of the 18th and 19th century,
a
Index and Appendix

Köln 2025

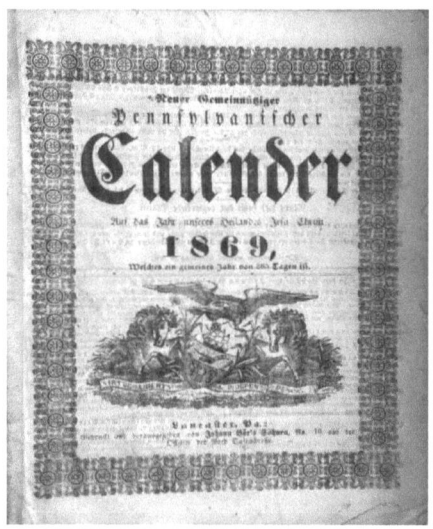

Der englisch- und deutschsprachige Kalender
von John Baer bzw. Johann Bär, Lancaster

Inhalt

Vorbemerkung / Preliminary remarks

Das nachfolgende Register bezieht sich auf das von Mix u.a. erstellte bibliographische Grundlagenwerk über deutsch-amerikanische Kalender:

The following index refers to the basic bibliographical work on German-American almanacs compiled by Mix et al.:

Deutsch-Amerikanische Kalender d. 18. u. 19. Jahrhunderts, Bibliographie und Kommentar. Herausgegeben von York-Gothart Mix, in Zusammenarbeit mit Bianca Weyers u. Gabriele Krieg. 2 Bände, Reihen 001 bis 043 u. 044 bis 113, 1585 Seiten, Berlin/Boston: de Gruyter 2012

German-American Almanacs of the 18th and 19th Century. Bibliography and Commentary. Edited by York-Got-hart Mix in cooperation with Bianca Weyers and Gabriele Krieg. 2 volumes, series 001 to 043 and 044 to 113, 1585 pages, Berlin/ Boston: de Gruyter 2012

Das Register verzeichnet ausschließlich Personenangaben aus den Titeleien der Kalender. Alle Drucker, Verleger, Herausgeber, Kalendermacher u. -händler (Krämer, Wholesalers, Stohrhalter, Buchhändler, Apotheker) werden hier, nach dem Wortlaut der Kalender, aufgeführt. Die Angaben in den Kalendern zu Druckern, Verlegern oder Herausgebern sind oft ungenau bzw. missverständlich. In den meisten Fällen werden zwar Drucker und / oder Herausgeber angegeben, aber die Verleger bzw. Auftraggeber bleiben nicht selten unklar. Das vorliegende Register listet deshalb *als* Drucker, Herausgeber und

Händler *nur* diejenigen auf, die als solche jeweils direkt oder indirekt genannt werden. Als Verleger wird man überwiegend die Drucker oder Herausgeber ansehen müssen. Doch auch manche Händler haben selbst Kalender herausgegeben bzw. verlegt, zumindest sofern sie als Buchhändler oder -binder firmieren. Dies entspricht auch mitteleuropäischen Gepflogenheiten, wo zahlreiche Schreib- und Volkskalender auch von Buchhändlern oder Buchbindern ediert wurden. Als Kalendermacher sind hier ausschließlich *die* Personen aufgeführt, die den astronomisch-mathematischen Teil der Kalender berechnet haben.

Das Register verzichtet auf Seitenzahlen. Angegeben sind die Kalenderreihe und der betreffende Jahrgang. Auf diese Weise gewinnt die Kumulation der Stellenangaben auch einen gewissen Eigenwert, indem sich historische Zusammenhänge und Abfolgen manchmal bereits auf einen Blick erkennen lassen. Die fettgedruckte erste Ziffer gibt die Kalenderreihe an (**fett** grau = Reihen 001 bis 043/1. Band, *fett grau kursiv* = Reihen *044 bis 113*/2. Band), mittels derer die Kalendertitel (S. 75-80) gefunden werden können. Danach folgen die Jahreszahlen, in denen die genannte Person tätig war. *Kursiv* gesetzte Jahreszahlen bzw. die Reihenziffer **N.N.** verweisen auf die Ergänzungen im Anhang dieses Registers (S. 26-75). Einige Lebensdaten wurden ergänzt.

The index only lists personal details from the titles of the calendars. All Printers, publishers, editors, calendar makers and -dealers (grocers, wholesalers, stockists, booksellers, pharmacists) are listed here according to the wording of the calendars. The information in the calendars about printers, publishers or editors is often inaccurate or misleading. In most cases, printers and / or publishers are stated, but the editors often remain unclear. The present index therefore only lists printers, editors and dealers who are directly or indirectly named as such. *Printers or publishers must predominantly be regarded as the editors. However, some dealers also published or edited calendars themselves, at least if they traded as booksellers or bookbinders. This also corresponds to Central European customs, according to which many writing and folk calendars were also published by booksellers and bookbinders.*

As calendar makers are here only *the people listed who calculated the astronomical-mathematical part of the calendars. The index dispenses with page numbers. The calendar series and the relevant year are given. In this way, the cumulation of the references already has an intrinsic value, as historical connections and sequences can sometimes be recognized with just one glance here. The first number in bold indicates the calendar series (*bold *grey = series 001 to 043/1st volume,* bold *grey italics = series 044 to 113/ 2nd volume) which can be used to find the calendar titles (p. 75-80) This is followed by the years in which the person named was active. Years in italics and the series numbers N.N. refer to the supplements in the appendix of this register (p. 26-75) Some life dates have been added.*

1. Drucker *(evtl. Verleger)* Printers *(Publishers)*

Albrecht und Lahn, Lancaster: *050*/1789/90
Anton **A**lbrecht, Lancaster: *050*/1810/11/12/13/14, 16/17
Georg und Peter **A**lbrecht, Lancaster: *050*/1808/*09*
Johann **A**lbrecht (John Albright, gest. 1806), Lancaster:
050/1802/03/04/05/06/07
Johann **A**lbrecht und Comp., Lancaster: *050*/1791/92/93/94,
  96/97/98/99; 1800/01
William **A**lbrecht, Lancaster: *050*/1822/23/24, 26, 28/29
  /30, 32
Anthony **A**rmbrüster, Philadelphia: 031/1755, 59
I. **A**shmead & Co., Philadelphia: *1837*
Johann **B**är/Baer (1795-1858), Lancaster: 032/1840;
  055/1833/34/35/36/37/38/39/40, 42/43/44/45/46,
  48/49/50/51/52/53/54
Johann **B**är/Baer und Söhne, Lancaster: *055*/1855/56/57
  /58/59
Johann **B**är's Söhne (Christian Rein Baer, geb. 1828;
  Reuben A. Baer; *Enkel*: John. F. Baer, Charles S. Baer),
  Lancaster: *055*/1860/61/62/63/64/65 /66/67/68/69/70
  /71/72 /73/74 /75/76/77/78/79/80/81/82/83/84/85 /86
  /87/88/89/90/91/92/93/94/95/96/97/98/99; 1900/01/02
  /03/04/05/06/07/08/09/10/11/12/13/14/15/16 /17/18
Matthias **B**ärtgis, Friedrichstadt: *066*/1785
Francis **B**ailey, Lancaster: 037/1779, 81/82/83/84/85/86/87
  /88/89
Gebr. C. & N. **B**enziger, Einsiedeln, New-York u. Cincinnati:
  096/1864
Geo. **B**ergner, Reading: 016/1842
Banner von Berks, Reading: 011/1866
G. und D. **B**illmeyer, Philadelphia: 034/1815/16/17/18
  /19 /[20]
Michael **B**illmeyer (1752-1837), Germantown:034/1788/89

/90/91/92/93/94/95/96/97 /98/99/1800/01/02/03/04/05
/06/07 /08/09/10/11/12/13/14, 21/22/23/24/25/26/27/28
/29 /30/31/32/33

A. G. **B**ragg & Co., St. Louis, Mo., und New York: *029*/1854

Pastor S.[amuel] K.[istler] **B**robst (1822-1876), Allentown:
083/1856/57/58/59/60/61/62/63/64/65/66/67/68/69/70
/71/72

Pastor S. K. **B**robst & Co., Allentown: *083*/73/74/75/76/77

Brobst, Diehl & Co., Allentown: *083*/1878/79/80/81/82
/83/84/85

Johann R. **C**hristian, Reading: *080*/1830

Carl **C**ist, Philadelphia: *010*/1784/85, 87/88/89/90/91/92/93
/94, 96/97/98/99; 1800/01, 03/04

Carl **C**ist's Witwe, Philadelphia: *010*/1807

Claim und Morton, Drucker und Buchbinder, Baltimore:
072/1808

Clayton, Nemsen & Haffelfinger, Verleger, Buchhändler und
Stationers, Philadelphia: *106*/1874

Theophilus **C**ossart und Compagnie, Lancaster: *054*/1781

Cugle & Berger, Baltimore: *1882*

Daytoner Volkszeitung, Dayton, Ohio: **N.N.**/*1909*

Desilver und Muir, Philadelphia: *038*/1845

Jas **D**obelbower, Philadelphia: *108*/1873

Druckerei der Lutherischen Buchhandlungs=Gesellschaft,
Baltimore: *057*/1842

Johann / John **D**unlap (geb. 1744), Philadelphia: *034*/1779/
80/81/82

Eagle Compagnie / „Eagle" Buchstohr, Reading: *013*/1906/07
/08, 10/11/12/13/14/15/16/17/18

He[i]nrich **E**bner und Comp., Allentown: *074*/1823/24/25
/26/27/28/29

Carl F[riedrich] **E**gelman[n] (1782-1816) und Sohn, Reading:
015/1839

J. C. F. **E**gelman[n], Reading: *016*/1843/44/45/46/47

Fischer und Brother, Philadelphia, New York, Boston,
  Baltimore: *103*/1857, 59

Fischer und Brüder, Philadelphia, New York, Boston,
  Baltimore: *103*/1851

Fischer und Bruder, Philadelphia, New York, Boston,
  Baltimore: *103*/1855/56

Fisher & Bro., Philadelphia: *105*/1864

John F. **F**unk & Bruder [Abram K. Funk], Mennonitische
  Buchdruckerei, Elkhart: **N.N.**/*1874 [77, 82/83, 86, 88/88,
  91/92, 95/96/97, 99; 1906, 09/10/11/12, 15/16, 25]*

Johann **G**eyer, Philadelphia: *021*/1805/06, 08, 11

Friedrich **G**oeb, Schellsburg, Pa: *017*/1824, 28

Johann **G**ruber, Hägerstaun, Märyland: *048*/1798, 1803,
  05/06, 08/09/10, 12, 14

[J.] **G**ruber und [D.] May, Hägerstaun: *048*/1815/16/17/18/
  19/20/21/22/23/24/25/26, 28/29

John **G**rubers Nachfolger, Hagerstaun: *048*/1861/62; *1866*

Georg **H**anke, Allentaun: *073*/1823/24

J.[oh.] T. **H**anzsche, Baltimore: *071*/1825, 31/32/33/34, 38
  /39/40/41/42/43/[44?]

Jesse G. **H**awl[e]y, Reading: *013*/1876/77/78/*79*, 80, 82/83
  /84, 86/87/88/89/90/91/92/93/94/95/96/97/98/99;
  1901, 04/05; *1896*

Heinrich **H**eld, Easton: *063*/1825; *065*/1842

B. **H**erder, St. Louis, Mo.: **N.N.**/*1910*

Johann **H**er[schberger], Chämbersburg, Pa: *061*/1811, 14/15

He[i]nr[ich] und Wilh[elm] **H**ütter, Easton: *064*/1823/24/25
  /26/27

Christian Jacob **H**ütter, Buchhändler und Buchdrucker (geb.
  Mähren), Lancaster: *051*/1801, 03

Christian J. **H**ütter und Sohn, Easton: *064*/1819/20

Christian J[ac]. **H**ütter, Easton: *064*/1821/22

Carl Ludwig **H**utter, Allentaun: *073*/1820, 26/27

Gottlob **J**ungmann und Comp., Deutsch=Englische Buchdruckerey, Reading: 014/1798/99

Jungmann und Brückmann, Deutsch=Englische Buchdruckerey, Reading: 014/1801/02/03/04, [07?]

H. Kämmerer, jun. und Comp, Philadelphia: 014/1803/04,
[07?] 021/1798;

Peter Kaufmann & Co., Canton, Ohio: 012/1842

Carl Keßler, Reading: 013/1858/59/60/61/62/63/64

King & Baird, Pottsville: 005/1861

King und Baird, [Buch-]Drucker u. Verleger, Philadelphia:
023/1847; 025/1855/56 /57/58/59, 63/64 /65/66, 69;
026/1850?; 038/1845; 045/1846/47; 068/1864; 077/1851;
090/1854, 57, 59, 63/64/65/66, 71; 102/1859/60/[61?];
109/1853, 57, 59/60, 62, [64?], 66, 69/70

Louis Lange Publishing Co., St. Louis: N.N./1896

Leibert und [Michael] Billmeyer (1752-1837), Germantown:
034/1785/86/87

Benjamin Mayer, Ephrata: 049/1799, 1802

Salomon Mayer/Mäyer, Ephrata: 078/1796, 98

Jacob Meyer, Philadelphia: 082/1813

M'Carty und Davis, Philadelphia: 027/1835

Daniel Miller, Reading: 009/1878

[Johann] He[i]nrich Miller (geb. 1702, Waldeck),
Philadelphia: 028/1767/68/[69?], 71, 74, 76/77, 80

Joseph Miller, New Berlin, Pa: 052/1830

Edward [Eduard] Morwitz (Danzig 1815 – Lancaster 1893) u.
Co., Drucker und Verleger, Philadelphia: 112/1892;
N.N./1884

Murray Hill Publishing Company, New York: 097/1882

N.N. [= keine Druckerangabe] Philadelphia: 020/1850;
040/1845; 094/1885; 109/1864

Northwestern Publishing House, Milwaukee, Wis.: 093/1893

Peck & Bliß vgl. Händler

Print Shop, Cordonville, Pa.: 1976

Fr. Pustet & Co., Cincinnati: N.N./1889

Rademacher & Sheek's, Englische und Deutsche Buchhandlung, Philadelphia: 026/1850

Ritter & Co., Reading: 007/1898/99; 1900/01/02/03/04/05
 /06/07/08/09; 013/1855/56, 65/66/67/68/69, 71/72/73
 /74/75

Milford N. **R**itter, Reading: 007/1892/93/94/95/96/97

Johann/John **R**itter (1779-1851?) und Comp. Reading:
 013/1811/12/13/14/15/16/17/18/19/20/21/22, 24/25
 /26/27/28/29/30/31, 34, 37/38/39/40/41, 43/44/45
 /46/47, 49/50/51/52; 018/1805/06

W[illia]m. S. **R**itter, Reading: 007/1878/79/80/81/82/83
 /84/85/86/87/88/89/90/91

T. G. **R**obertson, Hagerstown, Pa.: *1888*

Jas. V. **R**odgers Co., Philadelphia: *111*/1872

Friedrich **S**anno, Carlisle, Pa: *060*/1809/10, 12

Ch.[arles] G.[ilbert] **S**auer / Sower (1821-1902), Philadelphia:
 010/1850/51/52/53/54/55; *098*/1850/51/52/53/54/55/56
 /57/58/59/60/61, 63/64

Sauer und Bar[n]es, Philadelphia: *098*/1857/58/59/60/61, 63

Sauer, Barnes u. Comp., Philadelphia: *098*/1864

[Johann] Christoph[er] **S**au[er]r / Sower [sen.] (1693-1758),
 Germantown: 034/1747/48/49/50, 52, 54/55, 57/58

[Johann] Christoph **S**au[e]r [jun./sen.](1721-1784), Germantown: 034/1759/60/61/62/63/64 /65/66/67/68/69/70/71
 /72/73/74/75/76/77; *1759*

Christoph **S**au[e]r, jun. (1754-1799) und Peter Saur, Germantown: 034/1778

[Charles Gilbert] **S**auer/ Sower (1821-1902) & Barnes, Philadelphia: 010/1856/57/58/59/60/61/62/63; *083*/1855

Samuel **S**aur / Sower (1767-1820), Chestnut Hill, Pa/Balti-
 more: *047*/1791/92/93/94/95, 98, 1807; *072*/1796/97
 /[98?]; 1801/[02/03], 06

Schäffer und Maund, Baltimore: *059*/1818/19/20; *062*/1820;
 069/1817/18, 20; *070*/1819/20

A. **S**chlitt, Baltimore: *086*/1866

Jacob **S**chnee, Libanon, Pa.: 030/1808/09/10/11/12, 14

Jacob **S**chneider und Comp., Reading: 018/1801/02

Schneider und Ritter, Reading: 018/1803

Henrich **S**chweitzer, Philadelphia: 030/1799; 1801/02, 04/05

Steiner und Cist, Philadelphia: 041/1781

Melchior **S**teiner, Philadelphia: 041/1783/84, 86/87

Steiner und Kämmerer, Philadelphia: 041/1796

Stiemer, Albrecht und Lahn, Lancaster: *050*/1788

C. F. **S**tollmeyer, Philadelphia: *076*/1841

Teutsche Buchdruckerey, Philadelphia: 031/1762

The Central News Company, Philadelphia: 025/1880

The Mennonite Publishing Company, Elhard, Ind.: N.N./*1899
[1902, 05/06, 14/15, 17, 22]*

Thoma und May, Orwigsburg, Pa.: 042/1829/30

F. W. **T**homas, Philadelphia: 043/1856

Trexler, Harlacher & Weiser, Allentown: *084*/1866/67

Turner und Fischer, Philadelphia: 024/1848/49

William B. **U**nderwood, Buchdrucker, Gettysburg: *067*/1807

Verlag der christlichen Central=Buchhandlung der Allgemeinen Conferenz der Mennoniten, Berne, Ind.: *088*/1888, 91

Verlag des Mennonite Book Concern der Allgemeinen Kon-
ferenz der Mennoniten, Berne, Ind.: *088*/1897/98, 1911,
13, 21

A. **V**ogeler und Co., Baltimore, Md.: *085*/*1877*/78

The Charles A. **V**ogeler Company, Baltimore: *085*/1884

Samuel **W**agner, Lancaster: *053*/1832/33

Walz und Ketterlinus, Philadelphia: *099*/1852

William **W**arner, Baltimore: *058*/1815

Louis **W**eiß & Co., New York: N.N./*1893, [97]*

Wieber & Hasselhuhn, Printers, Detroit, Mich.: N.N./*1919*

Conrad **Z**entler, Philadelphia: 010/1808, 13/14/15/16/17/18
/19/20/21/22/23/24/25/26/27/28/29/30/31/32/33/34/35
/36 /37/38/39/40/41/42/43/44/45/46/47/48/49; 039/1829

/30/31/32
S. **Z**ickel, New York: N.N./*1893, [97], 1900*

2. **Herausgeber** *(evtl. Verleger)* Editors *(Publishers)*

Amerikanische Tractat=Gesellschaft, New York: *095*/1852,
  56/57, 61
B. **B**annan, Pottville: 003/1852; 004/1852; 005/1861
Behm & Gerhart, Buchhändler und Stationers, Philadelphia:
  101/1881
T. P. M. **B**ennett & Co., Philadelphia: *101*/1874; *104*/1874
Bödecker und Stübing, Berlin, Pa: *087*/1859
Pastor S[amuel] K[istler] **B**robst (1822-1876) und Co., Allen-
  town: *083*/1853/54/55
Geo. **B**rumder, Milwaukee, Wis.: *1925*
M. **B**runner u. Co., Philadelphia: 022/1850; *100*/1851
Cincinnatier Volksblatt, [Cincinnati]: N.N./*1911*
Clayton, Nemsen & Haffelfinger, Verleger, Buchhändler und
  Stationers, Philadelphia: 104/1880
Cugle & Berger, Baltimore: *1852*
John C. **D**avis, Philadelphia: *100*/1852, 54; N.N./*1861*
R. Wilson **D**esilver, Philadelphia: *045*/1846/47/48
T. H. **D**iehl (Brobst'sche Buchhandlung), Allentown: *083*/1887
  /88/89/90/91/92/93/94/95/96/97/98
Jacob D. **D**ietrich's Bücher=Stohr, Hägerstaun / Winchester,
  Virginien: *048*/1806; *056*/1805/06/[07?]
Carl **D**örflinger, Milwaukee, Wis.: *092*/1879/80
Doerflinger Book & Publishing Co., Milwaukee, Wis.:
092/1881/82
Dr. Harter Medicine Co., St. Louis: *1881*; *1889*
Dr. Herrick's Family Medicines: *1884*
David D. **E**lder & Co., [Herausgeber], Buchhändler und
  Stationers, Philadelphia: *101*/1879; *109*/1873/74

Evansville Demokrat, Evansville: N.N./*1898*
Fisher & Brother, Philadelphia: *1856, 69*
Freidenker Publishing Co., Milwaukee, Wis.: *092*/1886
Peter Geiger, Philadelphia: *1998*
Ray Geiger, Philadelphia: *1998*
General=Konzil der Ev.=Luthe. Kirche in Nord Amerika,
  Philadelphia: *083*/1900, 03, 10
G. G. Green, o.O.: *1889*
Catharina Gruber, Md., Hägerstaun: *048*/1861/62
The Dr. Harter Medicine Co., St. Louis, Mo.: *1881*; *1889*
E. Hauser, Gehilfsverleger, Cleveland / *N.N. 1907*
Hirschfeld Bros., Detroit: N.N./*1919*
Hostetter & Smith, Pittsburgh, Pa: *1879*
C. M. Jackson, M. D. & Co., Philadelphia: *102*/1859/60/61
Dr. D. Jayne und Sohn / D. D. Jayne & Son, Eigenthümer von
Jayne's Hausarzneien, Philadelphia: *110*/1860, 64, 68
Johnson und Warner, Philadelphia: *082*/1813, 15
Johnston, Halloway & Co., Philadelphia: *108*/1873
King und Baird, Philadelphia: *090*/*1860*; *109*/1862, 71
Dr. August König, Hamburg/Baltimore: *085*/*1877*/78, 81
J. H. Lamb, Verleger, Cleveland / *N.N. 1907*
Leisenring, Trexler & Co., Allentown: *084*/1873
Wilhelm G. Mentz, Philadelphia: *044*/1850, 52/53
  /54/55/56; *046*/1850/51, 53/54, 56/57
Mentz und Rovoudt, Philadelphia: *044*/1846/47/48/49;
  046/1843/44/45, 47, 49
Georg W. Mentz und Sohn, Philadelphia: *027*/1836/37;
  035/1841; *044*/1836/37/38/39/40; *046*/1833/34/35/36
  /37/38/39/40/41/42; *1838*
Miller und Elder, Buch= und Papierhändler, Philadelphia:
  109/1868
Morwitz & Co., Philadelphia, Pa.: *1884*; *1898; 1898*
Isaak M. Moss und Bruder, Philadelphia: *044*/1851;
046/1851
Nationale Kalender Manufaktur, Philadelphia: *101*/1888;
  104/1882

National Weeklies, Inc., Winona, Minnesota: N.N./*1948*

New Yorker Herold, New York: N.N./*1908 [17, 25, 49]*

Jos. W. Paul & Co., Nachfolger von Sower, Potts & Co., Philadelphia: *101*/1887

Pennsylvanischer Zweig der Amerikanischen Traktat=Gesell-
schaft, Philadelphia: 039/1829/30/31/32

Pilger-Buchhandlung, Reading: 008/1881

A. H. Pounsford & Co., Cincinnati: *1888*

Publications=Behörde der Reformirten Kirche, Philadelphia:
111/1872, 74/75/76

Ben J. Räber, Baltic, Ohio: *1976*

Redaktion des „Ev.=Luth. Gemeindeblattes", Milwaukee,
Wis.: *093*/1893

T. G. Robertson, Buch= und Schreibmaterialien=Händler,
Hagerstaun: *048*/1861/62; N.N./*1866*

Sauer und Bar[n]es, Philadelphia: *098*/1856

Severinghaus & Co., Chicago: *089*/1878, 83

Sower, Potts & Co., Philadelphia: *1876; 1877; 1898*

John A. Simon, Philadelphia: 001/1852

Standard Almanac Manufactory, Philadelphia: *109*/1878;
113/1878

State Temperance Society, Philadelphia: *1837*

Dr. H. Swayne & Sohn, Philadelphia: *081*/1857

The Swiss Publishing Co., New York: N.N./*1893*

Jacob Teuscher, Waterloo Village, C.W.: *075*/1859

The Mennonite Publishing Comp., Elkhart: *1899*

The Peruna Drug MGG Co., Columbus, Ohio: *1905*

John / Johann Tobler (gest. 1765), Germantown: *1759*

Benj. F. Trexler, Allentown: *084*/1868/69

Trexler & Härtzell, Allentown: *084*/1886

Verlag der N.Y. Volkszeitung, New York: N.N./*1918*

Victor Remedies Co., Frederick City, Md.: *1906*

W[illia]m. W.[/H.] Walker, Philadelphia: 019/1840/41
/42/43/44/45; 033/1837/38/39/40/41/42/43/44; *1841*

Walz und Ketterlinus, Philadelphia: *079*/1850
Welt=Bote Publishing Co., Allentown: *084*/1902, 07/08/09
  /10/11/12/13/14/15/16/17/18
Dr. Wm. **W**right, Philadelphia: 002/1859, 68
D. H. **W**yckoff, und Brown und Keller, Stroudsberg, Pa.:
  109/1872
David **Y**oung, Phildelphia: *1998*
H. A. **Z**ellers, New Berlin, Pa: *052*/1830

3. Händler, Krämer *(evtl. Verleger)*
Merchants *(possibly Publishers)*

Armstrong, Cator & Co., Baltimore: *1888*
Arthur A. **A**pell, Books & Stationary / Art, Framing and Kodak
  Finishing, Los Angeles, Cal.: N.N./*1919*
Matthias E. **B**ärtgis, Winchester, Virg.: *067*/1807
Matthias **B**ärtgis, Appoteck u. Buchladen, Friedrichstadt,
Maryland: *067*/1807
Michael **B**ärtgis, Lancaster: *066*/1785
Traugott **B**agge, Salem (N.E.): *047*/1807; *072*/1806
B. **B**annan Buchhandlung, Pottsville: 020/1850/51, 54
Bast und Miller, Philadelphia: 025/1857; *109*/1857
Hr **B**ecker, Philadelphia: 034/1794/95/96/97/98/99;
  1800/01/02/03/04/05/06/07/08/09/10; *072*/1801/02[03]
Becker und Comp., Philadelphia: *047*/1794/95, 98; *072*/1796
  /97
John R. **B**ecker, Philadelphia: *047*/1807; *072*/1806
Behm & Ger[h]art [u. Co]., Wholesale, Buch- u. Schreibmate-
  rialien: 025/1871, 74
J. **B**ey, Germantown: *066*/1785
[Jacob] **B**illmeyer, Yorktaun: 028/1767/68/[69], 71, 74,
  76/77; 034/85/86/87/88/89/90/91/92/93/94/95 /96/97/98
  /99; 1800/01/02/03/04/05/06
Mß Elisabeth **B**illmeyer, Yorktaun: 034/1807/08/09/10

J. C. **B**lair, Huntingdon, Pa.: *1888*

J. W. **B**ond & Co. / Leef Brothers, Baltimore: *1888*

Philip **B**orbek, Philadelphia: 023/1847

D[aniel] **B**räutigam/Breutigam, Philadelphia: 034/1787/88 /89/90/91/92/93 /94/95/96/97/98/99; 1800/01/02/03/04 /05/06/07/08/09/10; *047*/1791/92/93/94/95, 98,1807; *054*/1781; *072*/1796/97/[98?]; 1801/02[03?], 06

Georg R. **B**rooks / Johnson, Sutton & Co., Baltimore: *1888*

A. D. **B**uchler & Co., Gettysburg, Pa.: *1888*

Casper / Schnebelyn, Lebanon: *066*/1785

J. W. **C**lothier & Co., Philadelphia: *1856, 69*

Cushings & Bailey, Hagerstown/Baltimore: N.N./*1866*; *1888*

Hr **D**avis, Morrisons Cove: *047*/1807; *072*/1801/02[03], 06

Depositorium / Depository, Philadelphia: 027/1835/36/37; 1837

Desilver & Muir, Buchhändler, Philadelphia: *071*/1844

Hr **D**iessendörfer, Baltimore: *047*/1792/93

W. J. C. **D**ulauny & Co., Baltimore: *1888*

Hr **D**undas, Reading: *047*/1792/93/94/95, 98; *072*/1796/97

Matthias **E**rnst, Neu=York: 031/1755

Samuel und Georg **F**ahnstock, New Berlin: *047*/1807; *072*/1801/[02/03], 06

James **F**erguson, Hägerstaun: *047*/1807; *072*/1801/[02/03], 06

P. **F**eutner, Neuyork: 034/1789/90/91/92/93/94/95/96/97 /98/99; 1800/01/02/03/04/05/06/07/08/09/10; *047*/1794 /95, 98; *072*/1796/97

Hr **F**ischer, Baltimore: *047*/1794/95

Hr **F**ischer, Neuyork: 034/1788/89/90/91/92/93

Chas. **F**isher, Somerset, Pa.: *1888*

Fisher und Denison, Baltimore? / Philadelphia?: 090/1871

J. F. **F**unk & Br. *vgl.* Mennoniten Buchdruckerei, Mennonit. Verlagshandlung

Solomon **F**ussel, Germantown: *1759*

Hr **G**ebrecht, Hannover: *047*/1807

Philip **G**ehr.[...], Kutztown: 034/1785

Georg / Steg, Georg Steg, Yorktaun: 037/1779, 81/82/83/84 /85/86/87/88/89

Andreas **G**eyer, Andreas / Geyer, Philadelphia: 034/1779/80 /81/82, 86

Gilbert Bros. & Co., Baltimore: *1888*

J. **G**orgas, Ephrata: *054*/1781

Abraham **G**raffus, York: *047*/1807; *072*/1801/[02/03], 06

Arthur **G**rear, Reading: 037/1787/88/89

Greenbaum & Sons, Jno., A. Horner & Co., Baltimore: *1888*

Conrad **G**rosch, Friederichstaun: 028/1767/68/[69?], 71

Hr Guest, Albanien: *047*/94/95

Hrn. **G**undacker, Chambersburg: 034/1789/90/91/92/93 /94/95/96/97/98/99; 1800/01

Hr. **G**[r]undacker, Lancaster: 034/1788/89/90/91/92/93/94 /95/96/97/98/99; 1800/01/02/03/04/05/06/07/08/09/10; *047*/1792/93/94/95, 98; *072*/1796/97/[98?]

Hernich / Henrich **H**ahn, Reading: 028/1774, 76/77

M. **H**ahn, Reading: 034/1786/87/88/89/90/91/92/93/94/95 /96/97/98; *047*/1792/93/94/95, 98; *072*/1796/97/[98?]

Petter **H**aifligh, Hägerstaun: 037/1783 *vgl.* Peter Höflich

Hr **H**ailman, Chambersburg: 034/1802/03/04/05/06

James **H**ans, Baltimore / Aurrapolis: 034/1779/80

Mr Myer **H**art, Easton: 034/1779/80/81/82

Nicholas / Nicolaus **H**auer, Friedrichtaun: 034/1779/80/81 /82; 037/1779, 81/82/83/84/85/86/87/88/89

Michael **H**auswirth, Neuyork: 028/1771

Samuel **H**echler, Reading, Buch- u. Papierhändler: 006/1863

Hr **H**eckewelder, Bethlehem: 034/1790/91/92/93/94/95/96; *047*/1792/93/94/95

August **H**einitsch, Lancäster: *047*/1807; *072*/1806

Carl **H**einitsch, Lancäster: *072*/1801/[02/03]

Joseph **H**eister / Hiester, Reading: 034/1799/1800/01/02

/03/04/05/06/07/08/09/10; *037*/1787/88/89;
Heflich *vgl.* Höflich
M. **H**enrich / Müller, Neu=Germantaun: *034*/1788
M. Jacob **H**erman, Kutztaun: *034*/1786/87/88/89/90/91/92
/93/94/95/96/97/98/99; 1800/01/02/03/04/05/06/07/08;
047/1792/93/94/95, 98; *072*/1796/97/[98?]
W. H. **H**iteshew, Chambersburg, Pa.: *1888*
Peter **H**öflich / Heflich, Hegerstown/Hägerstaun: *034*/1780
/81/82, 95/96/97/98/99; 1800/01/02/03/04/05/06/07/08
/09/10; *037*/1784/85/86/87/88/89; *047*/1807; *072*/1801
/[02/03], 06; *vgl.* Petter Haifligh
John **H**offman, Friedrichstaun: *072*/1801/[02/03]
Michael **H**offmann, Neuyor[c]k: *028*/1774, 76/77; *034*/1759
/60/61/62/63/64/65/66/67/68/69/70/71/72/73/74/75/76
/77/78
Hr **H**ofman, (Friedrichstaun?), Chambersburg: *034*/1802/03
/04 /05/06/07
Bernhard **H**oltzinger, Yorck=Town: *031*/1755, 59
John J. **H**ovekamp, Cincinnati, Ohio: *085*/*1877*
Bernhard **H**ubele, Lancäster: *031*/1759
Hurst, Purnell & Co., Baltimore: *1888*
Hr **J**ungman[n], Reading: *047*/1792/93/94/95, 98; *072*/1796
/97/[98?]
Adam **K**ängmacher/Königmacher, Ephrata: *037*/1782/83
/84/85/86
Jacob **K**arg/Karch, Lebanon: *034*/1779/80, 82; *054*/1781
Johann **K**ean, York=Taun: *037*/1779 Hr **K**eim, Reading:
034/1799; 1800/01/02/03/04/05/06/07/08/09/10
Jacob **K**emper, Neuyork: *028*/1767/68/[69?]
King & Baird, Philadelphia: *036*/1849
J. **K**ohler, Buchbinder, Buchhändler und Verleger, Phila-
delphia: *109*/1870
Hr **K**rems, Baltimore: *034*/1805/06/07/08
Jacob **K**uigh, Lebanon: *037*/1783

Christ. **K**unkel, Harrisburg: *034*/1797/98/99; 1800/01/02
/03/04/05/06/07/08/09/10

J. und D. **K**yle / Spengler(?), Virginien: *047*/1807; *072*/1801
/[02/03], 06

Hr **L**amken, Graceham: *072*/1801/[02/03]

Archibald **L**audon, Carlisle: *047*/1807; *072*/1801/[02/03], 06

Lud[e]wig **L**aumann, Lancaster: *028*/1767/68, 71, 74, 76/77;
031/1759; *034*/1757/58/59/60/61/62/63/64/65/66/67/68
/69/70/71/73/73/74/75/76/77/78/79/80/81/82, 85/86/87
/88/89/90/91/92/93/94/95/96/97/98/99; 1800/01;
047/1892 /93/94/95, 98; *072*/1796/97/[98?]

Christian **L**aschet, Germantown: *028*/1767/68/[69?], 71, 74,
76/77

Peter **L**ei[b]ert, Germanstown / Germantaun: *034*/1779;
047/1807; *054*/1781; *072*/1801/[02/03], 06

Philip **L**eimbrenner, Philadelphia: *047*/1798

Hr **L**euthäuser / Leutheuser, Neuyork: *034*/1788/89/90/91
/92/93/94/95/96/97/98/99; 1800/01; *047*/1792/93/94/95,
98, 1807; *072*/1796/97/[98?]; 1806

J. A. **L**ingan, Winchester, Virg.: *067*/1807

J. B. **L**ippincott und Co., Philadelphia: *109*/1859; *1888*

Lake **L**oemis & Co., Pittsburg: *012*/1842

Hr **M**anz, Friedrich[s]taun: *034*/1788/89/90/91/92/93/94/95
/96/97/98/99; 1800/01

A. **M**arkley, Charlestaun (G.C.): *047*/1807; *072*/1806

Hr **M**ehly/Maley, Albanien: *034*/1788, 90/91/92/93/94/95
/96/97/98/99; 1800/01/02/03/04/05/06/07/08/09/10

Mennoniten Buchdruckerei, J. F. Funk & Br., Elkhart, Indiana:
091/1879, 85

Mennonitische Verlagshandlung, Elkhart, Indiana: *091*/1895

Hr **M**entz, Philadelphia: *034*/1809/10

Hr **M**esserschmidt, Reading: *034*/1799; 1800/01/02/03/04
/05/06/07/08

Jacob **M**ettert, Friedrichstaun: *047*/1807; *072*/1801/[02

/03], 06

Hr **M**etzger, Hanover: *034*/1788/89/90/91/92/93/94/95/96
/97/98/99; 1800/01/02/03/04/05/06

Metzger und Wert, Hanover Städtlein: *034*/1807/08

Metzger, Wert (Wirt) und Gobrecht, Hanover: *034*/1809/10

Hr **M**iller, Neu=Germantaun: *047*/1792/93/94/95, 98;
072/1796/97

Dan[ie]l **M**iller & Co., Baltimore: *1888*

Miller und Elder, Buch= u. Papierhändler, Philadelphia:
025/1868/69/70

J. Washington **M**iller, Philadelphia: *109*/1860

J.[ohann] **M**orris, Yorktaun: *054*/1781; *066*/1785

Morrison & Bro., Mt. Pleasant, Pa.: *1888*

Henrich **M**üller, Neu=Germantown: *034*/1782, 86/87/88/89

P. **M**üller, Philadelphia: *031*/1762

Peter **N**agel, Reading: *054*/1781

New York News Co., N.Y.: *1888*

Augustin **N**eißer, Germantown: *028*/1767/68/[69?], 71, 74,
76/77

David **N**euman[n], Han[n]over: *034*/1785/86/87/88/89/90
/91/92/93/94/95/96/97/98/99; 1800/01/02/03/04/05/06;
072/1801/[02/03], 06

Hr **O**pp, Easton: *034*/1790/91/92/93/94/95/96/97/98/99;
1800/01; *047*/1792/93/94/95, 98; *072*/1796/97/[98?]

Jacob **O**tt, Hägerstaun: *037*/1779, 81/82; *054*/1781

Witwe **O**ttin, Philadelphia: *034*/1770/71/72/73/74/75/76
/77/78/79/80, 82, 85

R. **P**aine, Buch= und Schreibmaterialien=Handlung, Philadelphia: **025**/1872, 75; *109*/1875

Peck & Bliß, Philadelphia: *044*/1853; *046*/1853

Pennsylvanische=Staaten=Nüchternheits / Mässigkeits
=Gesellschaft, Philadelphia: *027*/1835/36/37

Pittsburg News Company, Pittsburg, Pa.: *1888*

Laurence **P**rutzman / Lorentz Protzman[n], Hägerstaun:

037/1783/84/85/86/87/88/89

Hr **R**adebach, Chambersburg: *034*/1802, 07/08/09/10

Randolph & English, Richmond, Va.: *1888*

Hr **R**eich, Bethlehem: *047*/1798; *072*/1796/97

Nicolaus **R**eidenauer, Baltimore: *037*/1779, 81/82/83; *054*/1781

Hr **R**einhart, Neu=Germantaun: *047*/1792/93

Georg **R**ein[h]old[t], Philadelphia: *034*/1767/68/69/70/71 /72/73/74/75/76/77/78/79/80/81/82, 85/86/87/88/89 /90/91/92/93/94/95/96; *037*/1779, 81/82/83/84/85/86; *047*/1791/92/93/94; *054*/1781

Hr. **R**immel, Baltimor: *034*/1788

Nicolaus **S**auer, Friedrich=Taun: *054*/1781

David **S**aur, Philadelphia: *072*/1797/[98?]

A. **S**chlägel, Reading: *037*/1779, 81/82/83/84/85/86; *054*/1781

Hr **S**chlauch, Millerstaun: *047*/1792/93/94/95, 98; *072*/1796/97

Caspar **S**chnebeln/Schnebely, Lebanon: *037*/1779, 81/82

W. **S**chnertzel, Friedrichs=Taun: *037*/1781/82/83/84/85/86 /87/88/89

Schreyack u. Co., Chambersburg: *034*/1802/03/04/05/06/07

Schreyack, Radebach und Dinkel, Chambersburg: *034*/1808 /09/10

J. **S**chultz, Baltimor: *034*/1789/90/91/92/93; *047*/1792/93, 98; *072*/1796/97

Valentin **S**chwarz, Friedrichstaun: *072*/1801/[02/03]

Casper **S**enger, Philadelphia: *066*/1785

Doct. Peter **S**ensenig, Virginia: *034*/1788/89

Sickel, Hellen & Co., Baltimore: *1888*

John H. **S**imon, Philadelphia: *025*/1850/51, 53; *107*/1851

Sower, Potts & Co., Buch= und Schreibmaterialien=Händler, Philadelphia: *025*/1873

Hr **S**pengler, Virginien: *047*/1807

Hr **S**picker, Tulpe[ha]hacken: *047*/1792/93/94/95, 98; *072*/1796/97

Spiegel & Bro., Greensburgh, Pa.: *1888*

Mr **S**takes, Yorktaun: *034*/1779/80/81/82   *vgl.* Georg / Steg

M. **S**tark, Baltimor: *034*/1786/87

Joseph **S**tauffer, Virginien: *034*/1789/90/91/92/93/94/95 /96/97/98; *047*/1798, 1807; *072*/1796/97/[98?]; 1801/ [02/03], 06

Steiner, Friedrichtaun: *034*/1805/06/07/08/09/10

Hr. **S**töver, Lebanon/Liban[n]on: *047*/1792/93/94/95, 98; *072*/1796/97/[98?]

David **T**[D]äschler, Philadelphia: *034*/1747/48/49/50, 52, 54/55, 57/58/59/60/61/62/63/64/65

Henry **T**aylor, Baltimore: **N.N.**/*1866*

Geo. L. **T**ransue & Co., Philadelphia: *025*/1867

J. **T**schude/N. Tschudy/Dschudy, Baltimor[e]: *034*/1789/90 /91/92/93/94/95/96/97/98/99; 1800/01; *047*/1792/93/94 /95, 98; *072*/1797/[98?]; 1801

Tschudy und Butler, Baltimore: *072*/[1802/03]

Nicolaus **T**schudy, Baltimore: *037*/1788/89

Witwe **W**achtel, Reinbeck, NY: *034*/1780/81

Wagner und Comp., Easton: *034*/1807/08/09/10

Wagner und Mixel, Easton: *034*/1802/03/04/05/06

Hr **W**alter, Reading: *034*/1809/10

Henrich **W**alter, Lancaster / York=Taun: *034*/1755; *037*/1781 /82 /83/84/85/86/87/88/89

Warner und Co., Baltimore: *034*/1802/03/04

Warner und Hannah, Baltimore: *034*/1809/10

Weik & Wieck, Philadelphia: *109*/1853

Whitney, Cushing & Co., Hagerstown: **N.N.**/*1866*

Adam **W**idmann/Wit[t]man[n], Esq., Reading: *031*/1755, 59; *034*/1779/80/81/82; *037*/1779, 81/82/83/84/85/86; *054*/1781

A. **W**irtman, Reading: *066*/1785

Hr. **W**ißmer, Albanien: 034/1789
James **W**oods, Lebanon: 037/1787/88/89
Hr. **Z**anzinger, Lancaster: 034/1788/89/90/91/92
  /93/94/95/96; 047/1792/93/94/95, 98; 072/1796/97/[98?]
Hr Matt. **Z**ehring, Virginien: 034/1788
Zehnsten und Stockton, Pittsburg: 012/1842

4. Kalendermacher, Verfasser *(für das Kalendarium)*
Calendar Makers, Authors *(for the calendar)*

Nathan **B**asset, [Baltimore]: *071*/1838
Isaac **B**riggs, A.M., Lancaster: 037/1783
Carl F[riedrich] **E**gelman[n] / Charles Frederick Egelman
  (1782-1860): 012/1842; 013/1824/25/26/27/28/29/30/31,
  34, 37/38/39/40/41, 43/44/45/46/47, 49/50/51/52, 55/56,
  58/59/60/61/62; 016/1842/43/44/45/46/47; 017/1824, 28;
  019/1840/41/42/43/44/45; 027/1836/37; 032/1840;
  033/1837/38/39/40/41/42/43/44; 034/1823/24/25/26/27
  /28/29/30/31/32/33; *044*/1836/37/38/39/40, 46/47/48/49
  /50/51/52/53/54/55/56; *046*/1833/34/35/36/37/38/39
  /40/41/42/43/44/45, 47, 49/50/51, 53/54, 56/57;
  048/1823/24/25/26, 28/29, 32, 61; *053*/1832/33;
  065/1842; *071*/1831/32/33/34; *077*/1851; *080*/1830;
  N.N./*1838*
Heinrich **F**rost, A.M., Baltimore?: *057*/1842
Hart Wright Co., Philadelphia (?): *1998*
Will. R. **I**bach, Nachfolger von L. J. Ibach, Newmanstown:
  013/1887/88/89/90/91/92/93/94/95/96/97/98/99;
  1901, 04/05/06/07/08, 10/11/12/13/14/15/16/17/18
Lawrence J. **I**bach Nachfolger von C. F. Egelman, Reading:
  013/1863/64/65/66/67/68/69, 71/72/73/74/75/76/77/78,
  82/83/84; *048*/1862; **N.N.**/*1866*; **N.N.**/*1874*

W. L. J. **K**iderlen (1813-1877, Philadelphia: 038/1844
David **R**ittenhaus, A.M., Lancaster: 037/1779, 81/82
Anthony **S**harp, Philom., Lancaster: 037/1784/85/86/87
 /88/89

Der Kalendereintrag 072/1802 oder 1803 ist falsch einsortiert (S. 1195—1197); korrekterweise gehört er auf S. 1192, oben.
The calendar entry 072/1802 or 1803 is incorrectly sorted (pp. 1195-1197); it belongs correctly on p. 1192, top.

Der Kalendereintrag *090*/1859 (S. 1384-1386 und S. 1386-1388) wurde versehentlich zweimal gedruckt.
The calendar entry 090/1859 (pp. 1384-1386 and pp. 1386-1388) was accidentally printed twice.

a. Ergänzungen I: Deutschsprachige Kalender /
Supplements I: German-language calendars

Es folgen Beschreibungen einiger Kalenderjahrgänge bzw. Kalenderreihen, die in den von Mix u.a. ausgewerteten drei Bibliotheken nicht vorhanden waren. Die Verzeichnung orientiert sich an der Vorlage, auf weiterführende Einordnungen wird dagegen verzichtet.

This is followed by descriptions of some calendar years or calendar series that were not available in the three libraries evaluated by Mix and others. The indexing is based on the original, but there are no further classifications.

Reihe 013, Jg. *1879* Etabilirt [!] in 1804. / Der Neue Reading Calender. / 1879. / Reading, Pa. Gedruckt und zu haben bei Jesse G. Hawley. [*Der Titelholzschnitt zeigt in der oberen Hälfte den US-„Eagle", Kopf in Wolken und Sternen, um den Hals ein Schriftband mit der Inschrift „E PLURIBUS UNUM", in der rechten Klaue Pfeile, in der linken einen Zweig, darunter eine bäuerliche Szene: zwei Männer auf dem Feld, einer pflügt mit zwei Pferden, der andere sät, ein dritter schultert eine Sense; daneben eine Meeresbucht mit zwei Schiffen, auf der anderen Seite eine Ortschaft mit Kirche*.] Der Neue, Amerikanische / Landwirthschafts= / Calender, / Auf das Jahr unseres Heilandes Jesu Christi / 1879, / welches ein gewöhnliches Jahr von 365 Tagen ist. / Worinnen, nebst richtiger Festrechnung, die Sonnen und Monds Finsternisse, des Monds / Gestalt und Viertel, Monds Auf= und Untergang, Monds Zeichen, Aspecten der Plane= / ten und Witterung, Sonnen Auf= und Untergang, des Siebengestirns Aufgang, Südplatz / und Untergang, der Venus Auf= und Untergang, Courten und andere zu einem Calender / Sachen zu finden – nebst einem sehr bequemen kurzgefaßten Calender. / (Copyright secured according to law.) / In der „Eagle" Druckerei, 542 Penn Straße, zum vierundsiebenzigsten Mal herausgegeben. / Reading, Pa., gedruckt und zu haben bei Jesse G. Hawley. / Wie auch bei unterschiedlichen Stohrhaltern und Anderen zu finden. - Jg. Nr. 74 – 1879 – 17 Bll. - Paginierung S. 3-34 – *schadhaftes Exemplar, letzte 3(?) Blätter fehlen* – Format: 17x22cm – Hängeschlaufe – [*Verunreinigungen*].

Der Kalender enthält: Courten in Berks Caunty, für 1879 – Eagle Buchstohr und Druckerei [*fast ganzseitige Anzeige*] – Der Bettelstudent (Eine lustige Geschichte) [S. 5-11] – Der Blumengarten – Ordnen der Blumen – Verzierte Blumentopf Gestelle – Anrathung eines großen Bauers – Gesetze für Millionen – Kraft eines Mannes – Geld häufig zu machen in Jedermanns Tasche – Haushaltungs=Rezepte – Das Geheimniß von guter Butter – Kalender Absurditäten [*z.B. „ Um Dickwerden zu verhüten, gib das Essen auf."*] – Postgeld=Preise – *Werbeanzeigen* [4 Seiten] - Universitäts- und Stadtbibliothek, Köln

Reihe 050, Jg. *1809* Neuer Läncesterischer Calender, 1809. [*Der Titelholzschnitt zeigt eine bäuerliche Szene in einem floralen Kranz; oberhalb dessen befinden sich ein Engel mit einer Trompete, eine zweite weibliche (?) Figur, dazwischen ein Gottesgesicht im Strahlenkranz, darunter zwei kindliche Putti; innerhalb des Kranzes schwebt ein bärtiger Engel, in der linken Hand eine Sense, in der rechten einen Brief, über dieser Szene: ein Bauer pflügt mit zwei Pferden, einer sät, im Hintergrund eine Farm und eine Ortschaft mit zwei Kirchen.*] Der Neue, Gemeinnützige / Landwirthschafts / Calender, / Auf das Jahr, nach der heilbringenden Geburt / unsers Herrn Jesu Christi, /

1809. / Welches ein gemeines Jahr von 365 Tagen ist. / Darinnen, nebst richtiger Festrechnung, die Sonn= und Monds=-Finsternisse, / des Monds Gestalt und Viertel, Monds=-Aufgang, Monds=Zeichen, Aspecten der / Planeten und Witterung, Sonnen Auf= und Untergang, des Siebengestirns / Aufgang, Südplatz und Untergang, der Venus Auf= und Untergang / das hohe Wasser zu Philadelphia, Courten, Fairs, und andere zu einem Calender gehörige Sachen zu finden. / Imgleichen, lehrreiche und unterhaltende Geschichten, etc. / Mit sonderbarem Fleiß nach dem Pennsylvanischen und der angrenzenden Staaten Horizont / und Nordhöhe berechnet. / Zum Zwey und Zwanzigstenmal herausgegeben. / Lancäster, Gedruckt und zu haben bey Georg und Peter Albrecht, in der Neuen / Buchdruckerey, in der Prinz=strasse, das 2te Haus, nördlich vom Gefängniß. - Jahrgang Nr. 22 – 1809 - 18 Bll.: Umschlagtitel, Innentitel, 16 Bll. [*hinteres Umschlagblatt fehlt*] – 17x20,5cm

Der Kalender enthält: Ein merkwürdiges Beyspiel von ehelicher Liebe – Eine Nachricht von einer traurigen Begebenheit, welche sich vor vielen Jahren in Neu=England zugetragen hat – Der Philosoph – Raub, Todschlag, Brandansteckung – in einem einzigen unglücklichen Schritt vereint. (Eine im Jahr 1801 in Deutschland vorgefallene wahre Geschichte) – Die Nase – Die glückliche Befreyung – Die zwey Ritter und die zwey Säcke – Anecdoten. Verschmähter Wein hat Dennis an den Galgen gebracht – Ein entdeckter Mord – Stärke der Einbildungskraft – Der Teufel und Lord North – In der Stadt Florenz befand sich… - Freymüthige Antwort eines Derwisches an einen König – Schreib's hinters Ohr – Mißlungener Versuch – Das geoffenbarte Geheimniß – Oeconomische Intoleranz – Es läßt sich nicht immer gut spaßen; oder der erste April – Mittel die Gespenster zu vertreiben – Der gelehrte Bibliotheker – Die Mahlzeit der Krieger – Der Lichtputzer – Ermunterung=Lied zur Eintracht („Brüder! werft euch auf die Knie! /Dankt dem Schöpfer spat und früh") – Die Brillen („Weil Greise das Gesicht verlieren / So setzen sie, zum Conserviren / Der Augen, diese Gläser auf") – Hausmittel [Ausriss der Seite] Anwendung der Buttermilch zur Vermehrung der Schaafswolle – Wider das Herzwasser der Schaafe – Kurmethode beym Rind-vieh – Wider die Finnen der Schweine – [G]rundberen auf eine ausserordentlich wohlschmeckende Art zu kochen – Vom Aderlassen und Schröpfen – Tabelle der Interessen nach 6 vom 100 gerechnet – Landstraßen von Philadelphia nach Pittsburg - Sammlung Graf II

Reihe 085, Jg. *1877* Dr. August Koenig's / HAMBURGER / FAMILIEN KALENDER / FÜR DAS JAHR / 1877 / A. Vogeler & Co., / Baltimore, Md. - Baltimore – A. Vogeler & Co. – 1877 – 18 Bll.: Titelbl, 17 Bll. – Der Jg. ist paginiert von S. 4-35 – *vereinzelt Bleistiftnotizen von alter Hand* – [*verkauft von:*] John J. Hovekamp, N.W. Cor. Laurel & Baymiller Sts., Cincinnati, Ohio. [*= rückseitiger Umschlag*] - 16x22cm - [*Der zweiteilige Titelholzschnitt zeigt in der oberen Hälfte neun Putti, die eine große Schale umflattern, in die sie Blätter werfen, darauf der Schriftzug „HAMBURGER BRUSTTHEE"; in der unteren Hälfte ein Vorratsraum bzw. Keller mit allerlei Behältern, u.a. ein Fass, Flaschen, ein Schrank, eine Dose mit der Aufschrift „HAMBURGER KRÄUTER PFLASTER".*]

Der Kalender enthält u.a.: Zum Neuen Jahr 1877 (Gedicht) – Die Lumpe=Gicht [„Ich weeß dir nit, seit e paar Woche / Dhut mich des Lumpe= Gicht so plooge"] – Dr. August König's Hamburger Brustthee [*ganzseitige Anzeige*] S. 7 – Die Krankheiten der Brust, Lunge und Kehle – Dr. August König's Hamburger Tropfen [*ganzseitige Anzeige*] S. 11 – Bräune – Husten – Dr. August König's Hamburger Kräuter-Pflaster [*ganzseitige Anzeige*] S. 17 – Der Magen und sein Unregelmäßigkeiten – Ner-

vöse Kopfschmerzen – Leberleiden – Gelbsucht – Blasen-
krankheiten – Scropheln und andere Krankheiten des Blutes –
Geschwülste, Geschwüre, Flechten, Salzfluß – Für Familie und
Haus. Mädchenreize (von Berthold) [„Blonder Locken reiche
Fülle, / Augen, die wie Sterne prangen"] – Die Liab (Oberbay-
risch) [„Die Lia bis a' Scharfschütz, / Hat allewei' g'laden"] –
Liebesleid – Frommer Wunsch – Frauen-Krankheiten – Fie-
ber, seine Verhütung und Heilung – Abhülfe [„Gäben wir die
Hälfte dessen", Rückert] – Die Gedankensünd [„Ein Bur lag in
gaure Ruh / Mit sinen Jung'n, mit sine Frau"] – An Frau Lina
Morgenstern in Berlin – Das verrenkte Herz (Altbayrisch)
[„Ging einst zum alten Doktor herrn / A junges Kind vom
Land"] – Denkspruch – A=B=C=Studien – Dat hest d' rod – Die
neuesten Post=Gesetze – Ausländische Postgebühren – War-
nung! [*Innenseite Rückumschlag: ganzseitige Werbeanzeige
für* Hamburger Familien-Medizinen] – A. Vogeler & Co.
[= *ganzseitige Werbeanzeige der Firma* „A. Vogeler & Co., IM-
PORTERS OF WHOLESALE DRUCCISTS & CHEMISTS" *mit Abbil-
dung des Geschäftsgebäudes*] – zahlreiche Anekdoten, klein-
gedruckt, verteilt über den gesamten Kalender (S. 9-33) –
Universitäts- und Stadtbibliothek, Köln

Reihe 090, Jg. *1860* Der / Recept-Calender / und / Familienweg-Weiser für das Jahr 1860. / Ein / unentbehrlicher Rathgeber für Stadt und Land. / Enthält / die besten und bewähr-
testen Hausarzneimittel gegen viele im menschlichen Leben /
verkommende Krankheiten, die, ohne der Gesundheit zu
schaden, angewandt / werden können und in den meisten
Fällen den besten Erfolg haben. / [*Kein Titelholzschnitt, stattdessen ein dreispaltiges Inhaltsverzeichnis des Kalenders*] /
Ganz neue Ausgabe. Fortsetzung der frühern Jahrgänge. / En-
tered according to act of Congress, in the year 1858, by KING
& BAIRD, in the clerk's office of the Eastern / district of Penn-

sylvania / Philadelphia: / Verlag von King und Baird, No. 607 Sansom=Straße. - 18 Bll., S. 5-34 paginiert - 16x19,3cm – Hängeschlaufe - [*Die Bogensignaturen – stets am Fuß der ungeraden Seiten - lauten „R.A.", was bedeuten könnte, dass es auch eine englischsprachige Ausgabe als ‚Recipe Almanac' o.ä. gab.*]

Der Kalender enthält: Prognostik – I. Bewährte Haus= und Heilmittel: Uebelriechender Athem – Augenkrankheiten – Blähungsbeschwerden – Berauschung – Nasenbluten, Blutspeien – Fehler der Brustwarzen – Diarrhöe – Erbrechen – Engbrüstigkeit, Brustkrampf – Entzündungen – Epilepsie – Fettleibigkeit – Frostbeulen – Geschwollene Füße – Kalte Füße – Gelbsucht – Gicht, Rheumatismus und Podagra – Hämorrhoiden – Böser Hals – Harnverhaltung, Stein – Krätze, Flechten – Heiserkeit, Bräune – Hundswuth, Wasserscheu – Kopfweh – Kolik Lähmung und Steifheit der Glieder – Magenkrampf, verdorbener Magen – Schlangenbiß, Insektenstich – Schönheitsmittel – Schreien kleiner Kinder – Schwämmchen – Wadenkrampf – Wassersucht – Wechselfieber – Wunden, Geschwüre, Quetschungen etc. – Zahnweh – 2. Gesundheitsregeln: Ausleerungen des Körpers 1. Stuhlausleerung – 2. Harnausleerungen – 3. Hautausdünstung – Bekleidung und Bedeckung des Körpers – Sitzungen der Courten in Pennsylvanien [*Innenseite des Rückenumschlags*] – Das große Ein=mal=Eins [*Rückenumschlag, außen*] – Sammlung Graf II

Reihe N.N., Jg. 1861   Volks- / Kalender / für das Jahr / 1861. / Philadelphia, Pa. / Zu haben bei / John C. Davis, [*Heraus-geber?*] / 221 Nord 3te Str. – 18 Bll.: Titelbl., 17 Bll., S. 6-29 paginiert – 15,5x19cm – [*Der Titelholzschnitt zeigt links eine weibliche Figur in ganzer Höhe des Blattes, die ein besterntes Gewand trägt, auf dem Kopf einen Federbusch mit der Inschrift „LIBERTY", in der rechten Hand eine Fahne, die den Kalen-*]

dertitel enthält, in der linken ein Rutenbündel (?) mit der Aufschrift „UNUM" und „BIB" (?), zu ihren Füßen ein Adler auf einem Schild, daneben florale Ranken.]

Der Kalender enthält: John C. Davis, *[= Werbeanzeige des Herausgebers]* „Buch- u. Schreibmaterialien-Händler, / und Blank=Buch=Verfertiger /… Fortwährend eine gutes Lager von den folgenden Gegenständen vorräthig, welche zu den billigsten Preisen verkauft werden. / Blank=Bücher von allen Sorten und Preisen, Schulbücher, Bücher verschiedenen Inhalts, / Cap=, Brief=, Noten, = Umschlag=, Zeichnen= und Vorsteck=Papier, Federn, Federhalter, / Tinte, Bleistifte, Tintenfässer, Brief=Couverte, (Envelopes,) Schiefertafeln, / Schiefertafel=Stifte, Portfolios, Bristel=Boards, Visiten=Karten, Gummi Elasticum, Schreibstifte, etc. etc. / Für Lumpen wird Cash bezahlt." – Anatomie des menschlichen Körpers – Aus dem Hundertjährigen Kalender. Monatliche Bauernregeln – Der Leibkutscher Friedrichs des Großen [S. 7-23] – Erklärung und Verdeutschung / einiger in unserer deutschen Sprache vorkommenden fremden Wörter und Ausdrücke [S. 23-27] – Gerichts=Scene [S. 27] – Die Muttersprache [S. 27] – In der Schule [S. 27] – Ein Justizbeamter … [S. 27] – Die Verschüttung. Erzählung eines alten Bergman-nes [S. 29-*31*] – Eine Scene in New=York – Ein Arzt – Modernes Rechenexempel – Fürst und Bauer – Zieh' deinen Stiefel aus – Denkspruch – Der Werth des Menschen – Adelsliebe, Bauernliebe, Anderes Wort, doch gleiche Triebe! [„Junker. Ich denke dein, geliebte Theudalinde / Wenn Eos still im Westen niedersinkt" / Michel. Ich denke dein, du meine Hann=Rose, / Wenn ich die Pferde putze in dem Stall"] – Sitzungen der Courten in Pe[nnsylvanien], *[hintere Umschlagseite, innen]*, [Das] große Ein=mal=Eins *[hinterer Umschlag, außen]*. - Universitäts- u. Stadtbibliothek, Köln

Reihe N.N., Jg. 1874 Familien= / Calender / Für das Jahr unsers Herrn / 1874. / Bearbeitet von Lawrence J. Ibach. / [*Der
kleine Titelholzschnitt zeigt einen Globus, diverse astro-no-
mische Messinstrumente, ein Fernrohr, eine Seekarte, einen
Anker und ein Buch mit der Aufschrift „A YEAR OF 365 DAYS."
- Umschlaggestaltung ändert sich ab 1877 (?)]* Gedruckt und
herausgegeben von der / Mennonitischen Buchdruckerei von
John F. Funk & Bruder. / Elkhart, Indiana –21 Bll., unpaginiert
- 17,5x24cm – [Jgg 1877, 82/83, 86, 88/89, 91/92, 95/96/97,
99, 1906, 09/10/11/12, 15/16/, 25 ebenfalls vorhanden]

Der Kalender enthält: Unser Kalender für 1874 – Der Werth
guter Bücher – Unvorbereitet (Frei nach dem Englischen.) –
Aus dem Leben und der Zeit Menno's [*Menno Simons, 1496-
1561*]– Der Splitter [„Eins sah ich in des Bruders auge / Ein
winzig kleines Splitterlein"] – „So sehet nun darauf, wie ihr zu-
höret." (Lukas 8, 18) – Mutter, sprich sanft – Engelschutz über
einem Kinde – „Jetzt ist's zu spät." – Chronologisches Ver-
zeichnis der Zeit von Adam bis zur babylonischen Gefangenschaft... - Feurige Kohlen (Nach dem Englischen) – „Ich werde
niemals mehr einen Trophen trinken." – Die Flucht der Zeit
[„Hienieden ward dem Lenze / Ein kurzes Sein verlieh'n"] –
Gott läßt sich nicht spotten – Geschichte eines Traktates – Aus
dem Salonleben – Sündigen mit der Zunge – Alles geschieht
zu unserem Besten – Chronologische Merkzeichen – Der Got-
tesleugner und die Blume – Mittel wider die Tobwuth – Jesus
ist der beste Freund [„Der beste Freund ist in dem Himmel; /
Auf Erden sind nicht Freunde viel"] – Etwas für die Hausfrauen
– Samen für einen Acker – Conferenz=Kalender [„Die jährliche
Conferenz für den Staat Indiana..."] – Mittel gegen Wassersucht [*Werbeanzeige von Isaak Holdeman, Evandale, Pa*.] –
Gemeinnütziges – Werbung [5 Seiten] – Bücher= Verzeichniß
des Mennonitischen Buch=Stores [*ganzseitige Anzeige, 2.
Umschlag, Innenseite*] - Buch= Druckerei, Buchbinderei / und

/ Buch=Handlung / von / J. F. Funk & Bruder, 157 Main-Str., Elkhart, Ind. [*ganzseitige Werbeanzeige des Herausgebers, 2. Umschlag, Außenseite, u.a. für* „Der Herold der Wahrheit, eine religiöse Monatsschrift"] - Universitäts- u. Stadtbibliothek, Köln

[keine Autopsie!] **Reihe N.N., Jg. 1877** Familien Kalender / Für das Jahr Unseres Herrn / 1877. / Ein gemeines Jahr von 365 Tagen, / oder das / einhundertunderste Jahr der amerikanischen / Unabhängigkeitserklärung. / Gedruckt und herausgegeben von der / Mennoniten Buchdruckerei, J. F. Funk & Br. / Elkhart, Indiana - [*Titelholzschnitt zeigt ein mächtiges klassizistisches Tor, das die Titelei umrahmt; über dem Tor heißt es: „Ehre sei Gott – in der Höhe.", auf den oberen Dachbalken „Die Wölfe werden bei den Lämmern wohnen* [usw.]*, um die Säulen links und rechts ein langes Spruchband: „Die Himmel / erzählen die / Ehre Gottes"* [usw.]*, im unteren Drittel eine scheinbar landwirtschaftliche Szene: ein Siedler schärft seine Sense, neben sich einen Pflug, rechts neben ihm zwei Indigene mit Federschmuck und Speeren, links neben ihm drei bewaffnete Siedler (?), hinter ihm ein steinernes Haus, drumherum zahlreiche Grabsteine (?).*]

„Familien-Kalender, an annual Mennonite (Mennonite Church) almanac, was published 1870-1940, at Elkhart 1870-1908 by the Mennonite Publishing Company (1870-1875 by J. F. Funk and Brother) […]. It paralleled the Family Almanac, containing the same calculations (prepared by L. J. Heatwole of Dale Enterprise, Virginia, for many years) and a directory of Mennonite ordained men (1909-1940). The literary and historical miscellany was different in the two annuals." (*Stichwort "Familien-Kalender (Periodical)" in: GAMEO*)

Reihe N.N., Jg. 1889   Der illustrirte / Cincinnatier hinkende Bote. / 1889. / 49. Jahrgang. /Fr. Pustet & Co., / 204 Vine Straße, zw. 5. U. 6. Str., Cincinnati, O. [*Der Titelholzschnitt zeigt eine ländliche Szene: Der Hinkende in bäuerlicher Kleidung überreicht dem Bauern, der vor seinem Holzhaus auf der weinlaubgeschmückten Veranda sitzt, den Kalender mit der Aufschrift „Cincinnatier / Hinkende / Bote", der Vater hat bereits einen „Einsiedler Kalender" auf dem Schoß; seine Frau steht hinter ihm, drei Kinder spielen mit Hühnern, einem Hündchen, einem Spielzeug, Gänse und Schweine laufen umher, im Hintergrund eine Ortschaft am Fluss, darauf zwei Dampfer, darüber eine stählerne (?) Brücke; auf dem Kasten des Hinkenden steht „Alte / und / Neue Welt".*] – 24 Blätter, S. 2-47 paginiert - 16,5x22cm – [*Titelblatt schadhaft*]

Der Kalender enthält: 3 Bilderwitze (Der beleibte Greis und der Knabe mit dem Velociped, Wohnungswechsel ohne Kosten, Geschäfts=Anzeige) – Alte und Neue Welt [*ganzseitige Werbeanzeige für das Familienblatt von Benziger Brothers, Cincinnati*] – Neujahrs=Glück [„Pfeilschnell flog des Jahres Zeitenwelle / Wie der Wasserfall zum Ocean"] – Wie ein kranke Dame geheilt wurde – Der Löwenwirth [„Im Städtchen Stulla lebte ein Gastwirth ...] [S. 19-22] – Der Wursthannes im Backofen (Eine lustige Geschichte aus der Zeit der Kleinstaaterei in Deutschland)[S. 22-24] – „Das habe ich vergessen!". Humoreske von H. Stendel – Vor Gericht – Kaiser Franz Joseph I. und der Bauer – Gleiches Recht für Alle [*Bildwitz*] – Ein absonderlicher Streich – Eine lustige Maurergeschichte – De kranke Bur [„Up 'n Bedde la de Bur / Sölvst dat Jäten ward em sur"] – Einträgliche Taubheit – Das Schilderhaus – Für das Wohl der Arbeiter [*Bildwitz*] – Hier darf nicht geklopft werden – Wie schwer wiegt der Tabakrauch? – Der Leidensgefährte – Unsere Zeit [„Falsche Freunde, falsche Thränen, / Falsche Wechsel, falsche Wahl"] – Eines Vaters Vorstellungen – Mißverstanden – Zarte Andeutung [*Bildwitz*] – Starker Tabak – Ein Tiroler in den Tuilerien – Noch nie dagewesen – Brüderlich – Idylle [„Der Hansjörg und die Magareth / Das war ein prächtig's Paar"] – Ehestands=ABC für Mädchen und für Männer – Sehr gescheit [*Bildwitz*] – Abgewiesen – Mittheilungen aus allen Gebieten – Zufriedenheit das größte Glück – Ein einfältiger Offizier – Aus der Schule geschwätzt [*Bildwitz*] – Begründete Vermutung – Aus der Sprechstunde – Mittheilungen aus allen Gebieten [II] – Das Mutterherz [„Ich weiß auf Erden einen heiligen Platz, / Da liegt verborgen, ach, der höchste Schatz!"] – Lob des Kaffees [„In reine Schalen war gegossen, / Kaffee! willkomm' in unsern Kreis!"] – Gelungene Zumuthung [*Bildwitz*] – Ein Schreckschuß – Nützliches für Hausfrauen – Er sagte kein Wort – Der unechte Caro – Eine häusliche Scene – Ein resoluter Maler – Der Geschwollene [*Bildwitz*] – Häusliches Unglück – Ein unverbesserlicher Brummbär – Werbung [*anderthalb Seiten, u.a. für S. Rosenthal & Co., Buchdrucker und Buchbinder, Cincinnati*] – Vornehmthuerei – Salomonisches Urtheil – Werbung [*3 Seiten, u.a. für den Einsiedler Kalender 1889 und „Catholic Home Almanac / for 1889 … / Benziger Bros."*][S. 43] – Gut bedient – Der Gänsebraten – Das wienende Mädchen [„Ein Mädchen fand ich weinend, / Die Augen purpurroth"] – Aueßerst praktisch [*Bildwitz*] – Unblutiges Duell – Künstler tragen heuer carrirte Ueberrücke [*Bildwitz*] – Rebus – Werbeanzeige [*Rückseite: „Benziger Bothers, New York, Cincinnati, Chicago, / Fabrikanten und Importeure von / Bannern, Flaggen, Schärpen, Badges, Regalia und / Equipierungen für kath. Ritter-Compagnien."*] - Universitäts- und Stadtbibliothek, Köln

Reihe N.N., Jg. 1893 Amerikanischer / Schweizer Kalender / für / 1893 / Dreizehnter Jahrgang / Herausgegeben von der / Amerikanischen Schweizer Zeitung / [THE SWISS PUBLISHING CO.] / 116 Fulton Street P.O.B. 3637 / NEW YORK / Preis 30 Cents / Franco versandt in Nordamerika. / Druck von Louis Weiß & Co., 116 Fulton Street, New York. – 66 Bll. [*Umschlag fehlt*] S. 3-117 paginiert - 17,5x25,5cm – [Jg. 1897 ebenfalls vorhanden] –

Der Kalender enthält u.a.: Inhalts-Verzeichnis – Illustrationen – Neujahrsgruss [„Brüder, hört die Glocken klingen! / Auf der Töne hellen Schwingen"] – Special-Catalog *(vier Seiten Werbeanzeige von* The Swiss Publishing Company, New York) – Zeitrechnung für das Jahr 1893 nach Christi Geburt – *nach dem Kalendarium weitere 12 Seiten Kalender mit Platz für Notizen* - Allerlei zur Belehrung und Unterhaltung. Gastronomisches Kalendarium [„Mit Austern und mit Caviar / Befasse dich im Januar"] – Zehn Gebote für die Hausfrau – Edelsteine und ihre Bedeutung – Hausgarten – Küchen=Rezepte – Leicht entzündlich. Eine lustige Geschichte für diesen Kalender von Joseph Treumann – Joe. Eine wahre Lebensgeschichte von Karl Reuter-Kerger – Christoph Columbus [*ganzseitige Illustration*] – Birdie. Aus dem Leben New Yorks von Martha Frey-burger – Rasselmeyer's Hochzeitstag. New Yorker Charakterbild von Georg Juraschek – „Die Liebe ging vorüber." Von Robert Reitzel – Daisy Dunn. Für diesen Kalender von Heinrich Urban – Historische Uebersicht des abgelaufenen Kalenderjahres – Ansicht des Weltausstellungsplatzes in Chicago nebst den wichtigsten Gebäuden, von der Vogelperspektive aus betrachtet (ganzseitige Illustration) – The World's Columbian Exposition – Humor – Statistisches, Wissenswerthers und Gemeinnütziges – Helvetia – Germania [„Zu Brunnen ward's gethan – sechshundert Jahr ist's her - / Da hoben auf zum Schwur die Mannen ihre Hand"] – Hervorragende im verflossenen Kalenderjahr verstorbene Schweizer – Jochmatthannes. Original Novelle von J. G. Probst – Die Schweiz … Seit der Helvetik bis zum Sonderbundkriege – Schweizerglaube. (Von A. Steiger) [„Ihr nennt es Thorheit, nutzlos eitles Streben, / In Waffen wohlgeübt, bereit zu steh'n"] – Eidgen. Schützenfest, Glarus 10.-20 Juli 1892 – Die Basler Gedenkfeier, den 9. Und 10. Juli 1892 – Die Oberfläche des Planeten Mars – (*14 Seiten Werbung, u.a. für:* Schaefer & Konradi, Deutsche Buchhandlung, Philadelphia, Pa.; Familien=Kalender für 1893, Swiss Publishing, New York; Amerikanische Schweizer Zeitung, New York; Canadische Pacific Eisenbahn) – Universitäts - und Stadtbibliothek, Köln

Reihe N.N., Jg. 1894 S. Zickel's / Illustrirter / Deutsch-Amerikanischer / Familien=Kalender / 1894 / [*Das mehrteilige Titelbild zeigt u.a. auf einem Rundbild in der Mitte vier Pferde, auf denen eine Göttin (?) mit Leier in der Hand frei stehend reitet, rundherum die 12 Horoskop- Symbole (Löwe, Jungfrau usw.), darüber drei Gruppen: links ein Paar im mittleren Alter, sie hält eine Sichel in der Hand, er setzt ihr einen Lorbeerkranz auf, in der Mitte eine greises, gebrechliches Paar, rechts eine junge Familie, sie hält einen Säugling auf dem Arm, darunter zwei spielende Kinder in einem Obst- und Gemüsegarten.*] - Verlag von S. Zickel, 129 Duane St., N.Y., Preis 25 Cents – 40 Bll., S. 15-56 paginiert – 21x27cm - [Jgg. 1896 u. 1900 ebenfalls vorhanden] -
Der Kalender enthält u.a.: ganzseitige Werbeanzeige [*vorderer Umschlag, der* Verlagsbuchhandlung S. Zickel, New York, *für* Eben's Sprachmeister *und Lieferungsromane, z.B.* Der Graf von Monte Christo: „Dieser Roman kann auch in 15 Heften a 10 Cents bezogen werden."] – Er kehrt nach Haus [*ganzseitige Illustration*] – Oh glücklich, wer ein Heim gefunden! (Zu dem Titelbild unseres Kalenders), unterzeichnet August Sturm – An mein Töchterlein – Carpe diem!, unterzeichnet Martin Veerel

– Ein Kindertag, unterzeichnet Rudolf Graf Hoyos – Gärtner-loos, unterzeichnet A. Crassus – Immer dieselben, unter-zeichnet Ludwig Fulda [= 6 Gedichte] – Denkmal Walther's von der Vogelweide in Bozen. Nach dem Entwurf von Heinrich Natter (*ganzseitige Illustration*) – Ein Dichterfürst des Mittel-alters (Hierzu Illustration auf S. 17) – Ein ungewöhnlicher Hei-rathvermittler. Von E. Barfus – Die Porta Nigra (altrömischer Bau) in Trier (*ganzseitige Illustration*) – Milton bei Galileo Gali-lei. Gemälde von A. Gatti (*ganzseitige Illustration* – Die Rö-merwerke Trier's (Hierzu die Illustration auf Seite 20.) – Milton bei Galileo Galilei (Hierzu Illustration auf S. 21) – Das Mau-soleum Kaiser Friedrich's (Hierzu eine Illustration auf Seite 25) – Das Grabdenkmal Kaiser Friedrch's im Mausoleum in Pots-dam. Von Reinhold Vegas (ganzseitige Illustration) – Zu spätes Glück. Von Georg Steinhausen – Goethe in der römischen Campagna (Hierzu die Illustration auf Seite 29) – Goethe in der römischen Campagna. Nach einem Gemälde von Tisch-bein (*ganzseitige Illustration*) – Der lila Domino. Von Max Lo-rentz – Columbus' Abschied von der Heimath beim Antritt sei-ner Entdeckungsfahrt (*ganzseitige Illustration*) – Bilder aus Amerika. Nach Richard Oberländer – Die Columbus-Welt-ausstellung in Chicago (*ganzseitige Illustration*) – Der Colum-bia-Brunnen auf dem Ausstellungs-Platz in Chicago (*ganz-seitige Illustration*) – Auf der New Yorker Hochbahn. Von N.M. Neutra – Die Würfelspieler. Nach dem Gemälde von Murillo (*ganzseitige Illustration*) – Die Melonenesser. Nach dem Ge-mälde von Murillo (*ganzseitige Illustration*) – Die Entdeckung Amerika's durch Leif Eriksson um's Jahr 1000 – Zwei Perlen aus der Münchener Pinakothek (Hierzu die Illustrationen auf Seite 40 und 41) – Das Theatergretel. Von E. Spitzer (*ganz-seitige Illustration*) – Trost in der Musik. Von E. Spitzer (ganz-seitige Illustration) – Der Schnupfen. Von Dr. med. I. Dorn – Der Ursprung der siebentägigen Woche – Turnvater Jahn (Hierzu Illustration auf Seite 49) – Die Jahn-Gruppe an der

Turnhalle in Hamburg (*ganzseitige Illustration*) – Scatus. Ein Epos in neun Gesängen [„Allgemeine Regel. / Willst Scat du spielen, lieber Mann, / So merke Dir vor Allem an:"] – Der Volkswitz und der menschliche Körper. Von Leo Lothar – (*zwei Seiten mit je vier Abbildungen* – Humoristisches. Wie die verschiedenen Wissenshaften Liebeserklärungen machen – Recepte – Todtenschau – (*drei Seiten Werbung, u.a.* Anger & Egelhofer, Bookbinders; Deutsche Verlags-Anstalt, Stuttgart; F.W. Hackländer's Illustrierte Romane, Carl Krabbe] – (*sieben ganzseitige Anzeigen von* S. Zickel's Verlagsbuchhandlung, New York, u.a. für 10- und 15 Cent-Heftchen, Romane und Erzählungen (z.B. Friedrich Gerstäcker, Otto Ruppius), Zeitschriften (z.B. Gartenlaube, Dt. Romanzeitung usw., Deutsch= Amerikanische Familien=Blätter)] - Universitäts- u. Stadtbibliothek, Köln

Reihe N.N., Jg. 1896 Abendschule-Kalender / Ein Jahrbuch für das christliche Haus / auf das / Schaljahr / 1896. / Herausgeben von der Louis Lange Publishing Co.. / St. Louis, Mo., 1895 / Druck und Verlag der Louis Lange Publishing Co., Texas Ave. Und Miami St. / [*Das Titelbild zeigt eine winterliche Szene (es fällt Schnee) am prachtvollen Eingang eines großen (städtischen?) Steinhauses: Der Bote in warmer Kleidung mit umhängender Tasche überreicht dem Familienvater – in Hausrock, mit Hausmütze, langer Pfeife und Brille - seinen Kalender, die Hausfrau steht erwartungsvoll daneben, der Sohn des Hauses läuft dem Boten erwartungsvoll entgegen; im Hintergrund im Hausflur steht ein Christbaum; der Stich (?) ist links unten gezeichnet mit „LAMPE & LAMBRECHT".*] – 232 Seiten (*mit festem Einband*), S. 8-230 paginiert - 13,5x18,5cm

Der Kalender enthält u.a.: Werbeanzeige [*im Innendeckel*] für „Die Abendschule, ein wöchentliches illustriertes Familienblatt …, Herausgegeben von der Louis Lange Publishing Company" – Inhaltsverzeichnis [S. 7-9] – ein Jahreskalender (*mit Raum für Notizen*)[S. 10-47] – Weltumschau. Vom September 1894 bis September 1895 [S. 49-80] – Fürchte dich nicht, ich bin mit dir! Eine Erzählung aus der Reformationszeit. Von M. Rüdiger [S. 81-96] – Wie man im Mittelalter über Indien dachte – Eine alte Schulordnung – Eine amerikanische Münchhausiade [S. 97-99, *über eine fliegende „Rothaut"*] – Eine gefährliche Probe – Das erste Telegramm. Für den Abendschule=Kalender von J. St. – Der blöde Jake und sein Licht. Aus dem Englischen von A. H. – Der Eierkuchen der Kaiserin – Die glugen Diere. Sächsische Romanze, [*unterzeichnet*] Otto Bromberger – [*Witze*] – Ein knappes Entkommen. Eine Episode aus dem Bürgerkriege von F.A. Hanter vom 8. Illinois Kavallerie=Regiment [S. 114-121] – Benedikt Roman. Ein Märtyrer aus dem Reformationszeitalter [S. 123-126] – Wie's sich zurechtrückte. Eine Skizze, im Vorübergehen gezeichnet von A. Schaller [S. 127-130] – Gott lenkt – Blumenpflege im Zimmer. Für den Abendschule=Kalender vom Alfred Ira [S. 131-148] – Kennst du das Land? – Aus dem Gerichtssaal – Kalenderscherze – Eine große Kanone – Der schwarze Kronenthaler. Erzählung von Emil Frommel – Verstreut – Kleine Kinder im Sommer – Der erste Streit. Eine Erzählung aus dem Leben für das Leben. Von M. H. – Hütet euch vor den Wahrsagern! Von H. Berthold – Für unsere Jungend. Eine Episode aus den Jugendjahren Washingtons. Für den Abendschule= Kalender von C. L. – Wie die kleine Margarethe lebte und starb – Diamanten – Das Leuchten des Meeres – Der sieg-reiche Ziska – Die Unthat (Eine schreckliche Geschichte) [„Entsetzliches hat sich begeben, / Freundinnen hört es und erblaßt!"] – Wie man in China auf den Markt fährt – Ein großartiger Elefantenfang – Mut und Geistesgegenwart. Eine Begebenheit aus dem Revolutionskriege [unterzeichnet C. L.] – [*Bildwitze*] – Der junge Indianerspion [S. 198-201] – Die lateinischen Namen gewisser Sonntage – Wie kann man bestimmen, an welchem Wochentage irgend ein Ereignis stattgefunden hat? – Gemeinnütziges. I. Statistisches über die Staaten und Territorien. II. Nationalität der ausländischgeborenen Einwohner unserer größten Städte. III. Entfernung einiger Städte der Union von New York City, nebst der Zeit, in welcher die Schnellzüge die Strecke zurücklegen. IV. Die fünf großen Seen. V. See-Rettungsdienst. VI. Telegrammraten nach verschiedenen Ländern. VII. Statistisches über einige Hauptprodukte. VIII. Eisenbahnwesen. IX. Die Express-Kompagnien unseres Landes. X. Elektrisches. XI. Statistisches über das Unterrichtswesen. XII. Die fünf centralamerikanischen Staaten. XIII. Postwesen. X.IV. Münzen, Maße und Gewichte. – Werbeanzeigen [*8 Seiten, meist ganz-, einige halbseitig, u.a. für* „Becktold & Co., General Book Manufacturers, and Book Binders, … St. Louis, Mo.] - Universitäts- und Stadtbibliothek, Köln

Reihe N.N., Jg. 1898 Illustrirter / Familien / Kalender / des / Evansville / Demokrat. / 1898 – Herausgegeben vom „Evansville Demokrat" – [Evansville, Indiana] [*Das dreiteilige Titelbild zeigt ein sitzendes Paar, sie macht Nadelarbeit, er liest Zeitung, „…Demokrat", daneben eine kleine Luftbildansicht, unterschrieben „Evansville", darunter eine weibliche (?) Gestalt in klassischem Gewand, eine Schriftrolle in der Hand.*] - 82 Bll., S. 15-160 paginiert – 16,5x23cm -

Der Kalender enthält u.a.: Im Schaufenster (ganzseitige Illustration) – (vier Bildwitze) – Wiedersehn macht Freude! Couplet mit Noten für Gesang und Piano [„1 – ‚Wer weiß, ob wir uns wiedersehn' , / So heißt ein altes Lied!"] – Der Moment Photograph – Parodien auf: Der Erlkönig – Friedmann's Erdenwallen. In Gesang und Bild [„Voll Reue steh' ich hier / Gebückten Haupt's vor Dir"] – Im Badekarren. Humoreske von L. Roderich – Robertchen – Die beiden Steuerdefraudanten – General=Probe – Unheilbar – Der Brief – Der entdeckte Lohengrin – Es hat nicht sollen sein – Der Menschenkenner. Humoreske – Die Winterarbeit. Militärhumoreske von Arnold Heim – Grobe Leute – Die Jungfernrede – Der Bursche als Lieutenant – Naß und trocken. Eine metereologisch=merkwürdige Geschichte – Aufgeschnitten – Herr Krause und sein Affe – Die Faschings=Ronde. Humoreske von Paul Oskar Höcker – Gaston – Geknickte Liebesknospe – Die fette Josephine. (Trostlied, bei hoher Temperatur zu singen.) [„Die größte Sehenswürdigkeit, / Die uns Berlin jetzt bietet"] – Ein altes Leid im neuen Kleid – Schneemanns Braut. Eine Künstlergeschichte von R. Bach – Indiskretion Ehrensache – Zwei Hungervirtuosen. Eine Flitterwochengeschichte – Muß denn das sein? – Die Zeit der Narren [„Zur Faschingszeit im närr'schen Spiel / Vergügen Damen sich und Herren"] – Ein kleiner Irrthum. Humoreske von Erck – Weiberlist. Humoreske von C. R. – Die Stellvertreterin – Unverbesserlich – Die Stimme in der Finsterniß – Die Bombe ist geplatzt! Humoreske von E. Hofmann – Der Elbtaucher. (Nach einer wahren Begebenheit.) [„Wer wagt's von den Herr'n, die am Ufer sein, / In de Elbe ze dauchen zur Stund?"] – Wozu Hollunderbeeren gut sind – [*Auf dem Umschlag vorne innen u. hinten innen u, außen Werbung, u.a. für Geupel Bros., Deutsche Buchhandlung und Heilman Plow Co., Evansville, Ind.*] [*Im gesamten Kalender durchgehend kleine Illustrationen und kurze Bild- und Textwitze*] - Universitäts- und Stadtbibliothek, Köln

Reihe N.N., Jg. 1907 Christlicher / Familien Kalender / für das Jahr 1907 unsers Herrn / Cleveland, Ohio. / Verlag der Evangelischen Gemeinschaft / J. H. Lamb, Verleger – E. Hauser, Gehilfsverleger - 64 Seiten plus Umschlag, S. 2-64 paginiert – 15x22cm – [*Der Titelholzschnitt zeigt ein großes Steingebäude, davor eine Straßenbahn und ein Einspänner, links eine Bäuerin mit Früchtekorb, rechts ein winterlich gekleideter Mann mit Schlitten, darüber, sehr*

klein, eine Familienszene mit lesenden Vater und stricken-
der Mutter, links oben ein Mädchen mit Pflanze im Arm,
rechts ein Junge mit Getreidebündel.] – Lochung für Hängeschlaufe – [*auf dem Innentitel:* Redigiert von Chr. Staeb-
ler und J. Etjen.]

Der Kalender enthält u.a.: Ein einfacher Brief [*Titelrück-
seite: ganzseitige Werbung für „*Forni's Alpenkräuter Blut-
beleber"] – Lehren aus der Vergangenheit [*ganzseitige
Illustration*] – Ein Bubenstreich. Eine Nassauische Erzählung von Wilhelm Wittgen [S. 17-28] – Es muß doch Frühling werden! [*ganzseitige Illustration*] – Der Mann, der den
Schnupfen bekommt – Ein lustiger Krieg im Spittel. Erzählung aus Leipzigs Vergangenheit von Richard Oettel – Die
Wälder stehen jetzt grün umkränzt [*ganzseitiges Foto*] –
Wahlsprüche und Sinnsprüche – Pat ist tot. Von Henry F.
Urban – „I wie´net, was barmherzig ischt" [„Der Pfarrer git
en Onterricht, / Er stoht heut grad an dera G'shicht"] – So
dumm es dat Veeh nich! – Bedeutung der Schimpfwörter
– Das blasse Gold der welken Blätter [*ganzseitiges Foto*] –
Auch ein Bekenntnis – Eine Jugenderinnerung–die Krino-
line – Die Verwandlung – Probate Mittel gegen allerlei An-
fälle – Ein Mißverständnis Friedrichs des Großen – Die
Haarb – Des Bauern und des Grafen Trine. Von E. Frey
[„Vor blankem Pflug ein neu Gespann, / Rotbraun mit blü-
tenweißen Flecken."] – Gemeinnütziges: Lebersuppe –
Schweinefett mit vorzüglichem Geschmack – Gemischter
Salat [*u.v.m.*] – Postgebühren – Ein fertiger Kalender, / um
irgend einen Wochentag vom Jahre 1800 bis 1972 und
Schaltjahre bis 2000 herauszufingen – Der schwermütige
Traum der Erde [*ganzseitiges Foto*] – S. S. Lektionsplan für
1907 – Allgemeine Statistik der Evangelischen Gemeinschaft. 1906 – Konferenz=Sitzungen für 1907 – Allgemeine
Beamte und Behörden – Zeitschriften der Evang. Gemeinschaft. J. H. Lamb, Verleger, Cleveland, O. [2 Seiten Werbung, u.a. für „Der Christliche Botschafter", „Das Evangelische Magazin", „Der Evangelische Bundesbote", „Der

Evangelische Missionsbote", „Der Christliche Kinder-
freund" – Kalender für 1908 – Formen für Vermächtnisse
zu wohltätigen Zwecken in der Evangelischen Gemeinschaft – Werbung [*3 Seiten, u.a. für „Musik für die christliche Familie" von J. H. Lamb, Agt*.] - Sammlung Graf II

Reihe N.N., Jg. 1908   Der / Deutsche in Amerika. / 16. Jahr-gang. / 1908. / Vereinigte Staaten Kalender / für allgemeine / Information, Unterhaltung / und Belehrung. / Ein nützliches Buch für Alle. / Vollständig neu bearbeitet. / Herausgegeben vom / New Yorker Herold / 22 und 24 North William Street, New York. / Preis 25 Cents. [*Die Titelgestaltung zeigt ein florales Muster, das die Titelangaben umgibt, zu erkennen sind Schalen, Blumen, Putti, rankende Pflanzen.*][*spätere Jgg. mit anderen Titelbildern.*] - 196 S. (incl. Umschlag), S. 1-192 pagi-niert – 14,5x21cm – [Jgg. 1917, 1925 u. 1949 ebenfalls vor-handen]

Der Kalender enthält u.a.: Inhaltsverzeichnis – New Yorker He-rold (ganzseitige Werbeanzeige) – Zum neuen Jahr [„Ich steh am Fensterkreuz und horche still. / Vom Turme tönen dumpfe Glockenschläge"] – Weihnachtsklänge [„Das ist ein Glitzern und Glänzen, / Nie schienen die Sterne so schön"] – Deutsche Städtebilder (München, Rotheburg o.d. Tauber, Frankfurt a. Main, Bingen, Oberwesel, Köln [„Die Heimat rheinischen Frohsinns"], Bonn) – Der Papierverbrauch der Welt – Aus un-serer humoristischen Mappe [*insgesamt 9x im ganzen Kalen-der*] – Auf der Prärie. Episode aus dem Leben amerikanischer Farmarbeiter, [unterzeichnet] Knut Hamsum – Amerikanische Heimstätten (New York, Boston, Jahpreming, Mich.) – Eine seltsame Ozeanfahrt. Ein Er-eignis auf der atlantischen Ueber-fahrt. Von F. Alrock – Die Flotten der Welt – Was die Blätter rauschen – Soll und Haben der Neuzeit (Amerikanische Un-ternehmer, Erziehung des Kaufmanns, Im Geschäftsdistrikt von New York, Die Geldbörse der Wallstreet, Unter dem Gold-regen, Eine Transaktion in Aktien, Das Clearing House in New York, Der Fleischladen der Welt, Ein gigantisches Geschäfts-gebäude, Die Entstehung der Warenhäuser) – Briefe und Post-karten – Wie eine Zeitung entsteht (Papierverbrauch der Zeitungen, Wie die Setzmaschine arbeitet, Die typographische Kleiderordnung, Moderne Riesen-Schnellpresse, Die Sklaven der Feder, Der kommandierende General, Allerlei Redaktionsgeheimnisse, Deutsche Tageblätter der Ver. Staaten) – Das größte Wasserwerk der Welt (Wasserzufuhr auf fünfzig Jahre, Ein gigantisches Filterwerk) – Onkel Sam als Farmer (Durchforschung anderer Erdteile) – Vorschriften für Einwanderer (Verbotene Anzeigen im Ausland, Ungesetzliche Landung) – Die Protestanten auf der Erde – Wie wird man Bürger? – Zuständige Gerichte für New York und Umgebung – Im Reiche Rockefellers (Fabelhafte Dividenden, Die Launen des Glücks, Der Kampf mit dem Trust-Drachen) – Die Katholiken der Ver. Staaten – Der Meisterdieb. Kriminalnovelle von Maurice Setlave – Vergleichung der Thermometer-Grade – Werbung (*4 Seiten, u.a. für* August P. Wagener, Advokat und Notar) - Universitäts- und Stadtbibliothek, Köln; Sammlung Graf II

Reihe N.N., Jg. 1909 Volks=Kalender / der / COOPER / Feuer= Versicherungs= / Gesellschaft / von / Dayton, Ohio, / für das Jahr / 1909. / Satz und Druck der „Daytoner Volks-Zeitung," / Ecke St. Clair und Vierter Straße, Dayton, Ohio.- [*Umschlag = Titel- u. Rücken fehlt*] – S. 5-120 paginiert – 17x 24,4cm

Der Kalender enthält u.a.: Inhalt des Kalenders – Ich denke seiner immerdar [„Du hast mich gastlich aufgenommen, / Du Land, der ich dir, fremd, genaht, / Du gabst mir Raum zu einer Hütte, / Zu meiner Nahrung Land und Saat", unterzeichnet Rudolph Puchner] – Zur Jahreswende [ganzseitige Illustration] – Die Moskito-Farm. Eine Erzählung aus Wisconsin von O. E. Lessing. Der Monatsschrift „Die Glocke" mit Erlaubniß des Herausgebers entnommen. – Wunderbare Rettung [*ganzseitige Illustration*] – In den Bergen Kentuckys. Erzählung aus einer wilden Gegend von V. F. Mendlik – Ostermorgen. Nach dem Gemälde von Paul Hey [*ganzseitige Illustration*] – Gänseliesel [*ganzseitige Illustration*] - Alte Mühle in Muskingum County, Ohio [*ganzseitiges Foto*] – In der Sylvester-Nacht. Eine viereckige Geschichte, die sich am Ende doch noch abrundet von Dr. Berthold A. Baer – Sterne und Streifen. Von Friedrich Albert Schmitt [„Im Morgenwind in der Sonne Gold / Der Freiheit heilige Banner rollt"] – Im Herzen Wisconsin's. Von historischen Seen und Flüssen. – Die ersten Ansiedler. Von A. v. Ende – Dem Spiel der Wellen preisgegen [*ganzseitige Illustration*] – Das Räthsel des „Perpetuum mobile" – Lustige Geschichten. Tim und Bessie, gezeichnet Wilhelm Müller – Wie der Teufel nach Louisiana kam (Erwin Rosen) – Der berühmte Schalk des Mittelalters, gezeichnet R. Cöwicke – Waisenkinder (*ganzseitige Illustration*) – Der „Buhm" des Städtchens Mojave, gezeichnet M.M.S – Fideler Stichtag - „Nun paßt gut auf, meine lieber Kinder!" (*ganzseitige Illustration*) – A Practical Joke, gezeichnet Wilh. Hense – Olle Kamellen – Ein salomonisches Urtheil – Die Hechinger Hsaenjagd – Nützliche Kleinigkeiten – Buntes Allerlei und Humor - [*im gesamten Kalender eingestreut zahlreiche kleinere Illustrationen, oft als Foto*] - Universitäts- und Stadtbibliothek, Köln

Reihe N.N., Jg. 1910 Preis 5 Cents. / Der / hinkende Bote / [Der hinkende Bote am Mississippi] / 55. Jahrgang / Volks= Kalender / 1910. / B. Herder, / 17 S. Broadway, St. Louis, Mo. [*Signatur auf dem Titelholzschnitt: „W. Mackwitz, St. Louis, Mo."*] – 26 Bll., S. 1-48 paginiert – 16x22cm - [*Der Titelholzschnitt zeigt den Einbeinigen in städtischer Kleidung, der seinen Kalender an der Haustür anbietet, die ganze Familie schaut ihm erwartungsvoll entgegen, im Hintergrund ein Dampfer auf dem Mississippi.*]

Der Kalender enthält u.a.: Unser Körper [*ganzseitige Werbeanzeige für Triners' American Elixir of Bitter Wine*] – In des Jahres letzter Stunde [„Kommt des Jahres letzte Stunde / Bin ich gern für mich allein"] – Zum neuen Jahr! [Tage kommen, Tage gehen, / Eilig schnell die Jahre flieh'n"] – St. Louis Lumber Company [*Werbeanzeige*] – Der Traum der Frau Marianne [S. 7-17] – Werbeanzeige [*„Herold des Glaubens. Das katholische Wochenblatt der Stadt und Erzdiözese St. Louis"*] – Werbeanzeige [*„Die Amerika. Allgemeine Zeitung für Wahrheit und Recht. Herausgegeben von der German Literary Society of St. Louis"*] – Virchow über das Rauchen – Ueberlistet [S. 19-27] – 4 kl. Werbeanzeigen von Brauereien – Wir reiten alle mit [„Ich weiß ein Thier; es strotzt von Kraft / Und keckem Uebermuth"] - Die Wurst [S. 29-33] – Eine radicale Aenderung [*ganzseitige Werbeanzeige für Triner's Angelica Bitter Tonic*] – Doppelsinnig [*Bildwitz*] – Das 100jährige Jubiläum der „Zeitungsente" – Der brave Dienstmann – Gemeinnütziges – Schlagfertig [*Bildwitz*] – Der ärztliche Rathgeber: Etwas über die Heilkraft des Honigs – Die Wiederbelebungsversuche bei Erfrorenen – Das Haar gesund zu erhalten – Mit Gicht behafteten Personen – Der Mensch ist das, was er als Kind war – Um das Augenlicht – Warmhalten des Rückens – Augenpflege für Kinder – Ahnungsvoll [*Bildwitz*] – Unerhört! [*Bildwitz*] – Dem Kinde ist zu warmes Trinken – Gutes Mittel gegen Verbrennungen – Für Küche und Haus – Nachsicht [*Bildwitz*] – Lustiges – Nach dem Süden [„Nach dem Süden, nach dem Süden / zog mich's hin mit Allgewalt"] – Nobel [*Bildwitz*] – Mutter und Tochter [*Bildwitz*] - Zu genau befolgt [*Bildwitz*] – Werbeanzeigen [*u.a. drei je ganzseitige von B. Herder, St. Louis*] - Universitäts- und Stadtbibliothek, Köln

Reihe N.N., Jg. 1911 Prämien Ausgabe / Gegründet 1836 / Cincinnatier Volksblatt / 1911 / Familien Kalender – [*keine weiteren Angaben*] [*Das Titelblatt zeigt mittig eine sitzende weibliche Figur mit einem Lorbeerkranz auf dem Kopf, in der*

rechten Hand eine Leuchte hochhaltend, rechts von ihr eine Druckerpresse, am Bildrand links eine häusliche Szene, der Mann liest Zeitung, die Frau schaut in der Schürze zu, am Boden spielt ein Kind mit Puppe und Holzpferd; rechts ein älteres Paar, er mit Brille und Pfeife in der Hand liest Zeitung, sie beugt sich interessiert zu ihm.] – 75 Bll., S. 29-88 paginiert – 17x23,5cm

Der Kalender enthält u.a.: Ewiger Kalender – Herbstmahnen [„Siehst Du im Herbst die Blätter fallen, / Die Sonne bleich am Himmel zieh'n"] – Herbschd=Däg [„Die Käschte sin' zeitig, / Die Quetsche sin' bloo"] – Weihnachtsabend [„Verschneiter Winterwald, und Abendstunde, / Auf Ast und Ästchen hängt der Flockenschnee"] – Eine Weihnachts-Erzählung. Der Einbrecher [S. 29-36] – Bist du der Weihnachtsmann? [Der Weihnachtsabend will herniedersinken, / In Schnee und Eis die weiten Felder blinken"] – Des Kindes Weihnachtsgebet [„Der Nordwind heult durch die finstre Nacht, / Die Bäume glänzen in eisiger Pracht"] – Die gute Frau Stibbel (Berliner Gerichtsszene.) – Erlebnisse des Herrn Kraxelhuber, als er nachts bezecht in ein falsches Grundstück gerieth – Die Forderung – Lauter Andenken – Die Bazarpost – Hofrat! [„Vor seinem Schreibtisch, der mit Büchern übersät, / Versunken in Gedanken sitzt ein Greis"] – Die verfehlte Türe –[4 Witze] – Der Weg zum Dirndl [„Wenn i' zu mein Dirndl geh, / Halt mi' auf koa Eis und Schnee"] – Hochzig [„Hochzig=, Hochzig=, Hoch-zig=Dag! / Drummte un' Drumbete"] – Der Walddoktor. Erzählung aus dem Gebirgsleben [S. 49-59] – 'S Folgsame Deandl [„D' Muatta sagt zum saubern Deandl: / Schau ma nur koa Mannsbild an!"] – Die Dante Malche [„E' Seide'= Mantillche / Un' Fränselcher drum"] – Vor dem Amts-vorsteher – Ein Schwerverbrecher – Was man tun und lassen soll [„Dem Kinde nicht den süßen Glauben, / Die Hoffnung nicht dem Jüngling rauben"] – Schlechtes Gewissen – Hundepech. Von B. Voigt [„Wenn Hund'I sehr vergnügt ist, / Wedelt er mit dem Schwoif'I"] – Der stolze Omar – Kindermund – Das Paradies [„Der Mann, der nach des Tages Last, / Die Seele verlangend nach stiller Rast"] – Schabernack – Zersprungenes Glück – Zigeunerleben [„Im Schatten des Waldes, im Buchengezweig / Da regt sich's und raschelt's und flüstert zugleich"] – Mein Grossmütterlein [„Ein Stübchen ist's, so traut und hell, / Lavendelduft durchzogen"] – Der ang'schmierte Teufel – Ja so! – Ein Lebewohl [„Ein stummer Händedruck, nicht eben warm, / Gesenkt die Augen, scheu vor jedem Blick"] – Wanderer und Fuhrmann [„He, Fuhrmann, ich bin vom Weg so matt, / Nehmt mich mit auf dem Karren bis zur Stadt!", unterzeichnet Leo Heller] – Eine Schusterjungen-Episode – Sommer – Krieger-Fescht [„Schwarze Gehröck, helle Weschte, / Büggelfalte in der Hof'"] – Das amerikanische Duell – Der alte Musikant [„Trinkt Ihr noch eins? – D'rauf schüttel I/ Der Alte still das Haupt"] – Die schlaue Gretel – der Trostlose Witwer – Das reiche arme Kind [„Ein Kind im Bettelkleide / Sah mich verwundert an"] – Instinkt oder Verstand? – Zusammenhalten [„Und Die' Muatta, dee lass' nur greina, / Sag' ihr nur, Du g'hörst zu meina"] – En plattdütsch Lögengeschicht – Der alt' Wächter [„Jatzt schaugt's amal den kloan' Wächter an - / Wia der no schö singa und blasen kann?"] – Heimkehr [„Wohl rauscht der Bach, wohl geht das Mühlrad noch; / Ein andrer Müller wohnt im Haus."] – D'r alde Drumbeeder [„Mein ganzes Lewe lang haw ich, / Als armer Musigant"] – Das Echo – Der Unfried [„Es hat der Mich'l seinerzeit A' reiche Bauers-tochter g'freit"] – Des erlebscht nit [„Gell Baschtian, - wann ich g'schtorwe bin, / Du heirathscht dann nit widder?"] – Ein Mustergatte – Die letzte Post [„Der alte Postfranzl / Fährt heunt 's letztemal"] – Zum Heimatland steht mein Verlangen [„Ich häng' an meinem Heimatland, / Des Rheines rebengrüner Strand"] – Amerikanische Geldsorten, Maße und Gewichte – Postdienst und Porto – Trächtigkeits- und Brüte-Kalender d. nützlichsten Hausthiere – Präsidenten der Vereinigten Staaten – Vizepräsidenten der Vereinigten Staaten – Die Amtsnachfolge des Präsidenten – Das Kabinet – Staaten und Territorien der Union. Die ursprünglichen Staaten. Die aufgenommenen Staaten – Gesandtschaften u. Konsulate in den Ver. Staaten und Kanada – Werth ausländischer Münzen im Gelde der Vereinigten Staaten – Zinsfuß und Verjährungsfrist in den Vereinigten Staaten – [*3 Seiten Werbung*] – Werthe von seltenen amerikanischen Münzen – [*1 Seite Werbung*] – Wissenswerthes über die Ver. Staaten – [*16 Seiten Werbung u.a. für* Dr. August Koenig's Hamburger Tropfen; S. Rosenthal & Co., Buchdrucker, Buchbinder und Blankbuch= Fabrikanten, Cincinnati, Ohio; Mrs. B. Yaeger, die berühmteste Wahrsagerin dieses Zeitalters; Ein Heim in Baldwin County der Baldwin County Colonization Company; Triner's Angelica Bitter Tonic; Western German Bank, Cincinnati, Ohio] - Universitäts- und Stadtbibliothek, Köln

Reihe N.N., Jg. 1918 Pionier. Illustrirter Volks=Kalender – 37. Jahrgang 1918 Preis 30 Cents / Verlag der N.Y. Volkszeitung 15 Spruce Street New York – P.O. Box 1512 – The Co-Operative Press, 15 Spruce St., New York – 22x28cm – 62 Bll., S. 16-112 paginiert – [*Das Titelblatt zeigt einen ganzseitigen Holzschnitt mit einer Männergestalt, die ein Beil in der rechten und eine Fackel in der linken Hand hält und sich einen Weg durch einen Urwald bahnt.*] [*sozialistischer Kalender*]

Der Kalender enthält u.a.: zu jedem Monat ein Zitat von Karl Marx – Soldaten der Freiheit (Paul Schüler) [„Solang' sich Macht und Reichtum blähn / In stolzen, protzigen Revieren"] – Lührssens Erbe (Louise Schulze-Bruch) [S.16-25] – Trutzfarben und andere Hilfsmittel im Kampfe ums Dasein (Dr. Th. Zell) – Tantalus in neuer Form (Karl Rode) – Plattform und Programm der Sozialistischen Partei [S. 33/34] – Der Kuckuck. Ein Märchen (Carl Ewald) – Karl Marx Zum hundertsten Geburtstage (5. Mai 1918)(Richard Wagner) [„Ein Lenzgeselle war er. Lenzluft blies / Lenzträchtig schon dem Säugling um die Ohren"] – Zum hundertjährigen Geburtstage von Karl Marx (H. Sch.) [S. 43-51] – Kinderkrankheiten (Mark Twain) – Die Zwangsheirat des Herrn Peter Houten. Eine Geschichte in Briefen (Edna Fern)[S. 56-63] – Gesang der Lohnsklaven (Paul Schüler) /Song oft he Wage-Slave (Ernest Jones) [„Den Boden nahm der Grundherr / Die See der Kaufmann sich"] – Arbeiterlage und Arbeiter-Prozesse [S. 65-71] – Hoch hinauf! (Karl v. Heigel) – Spartakus (Hermann Lingg) [„Versammelt hielt sein Sklavenheer / Der Thrazier Spartakus am Meer"] – Die russische Revolution (Maxim Romm)[S.75-80] – Der Weltkrieg [S. 81-88] – Kunstprodukte südamerikanischer Indianer aus vorhistorischer Zeit (Clara Ruge) [S. 89-95] – *Werbeanzeigen* [S. 97-112], u.a. Arbeiter Kranken= u. Sterbe=Kasse für die Vereinigten Staaten von Amerika [S. 111] – New Yorker Volkszeitung / Den Interessen des arbeitenden Volkes gewidmet [*Anzeige, hintere Umschlagseite*] – Universitäts- und Stadtbibliothek, Köln

Reihe N.N., Jg. 1919 Der Historische / Volks Kalender / für das Jahr 1919 - Herausgegeben von Hirschfeld Bros., Detroit, Mich. – Wieber & Hasselhuhn, Printers, Detroit, Mich., U.S.A. – [*Stempel:*] Arthur A Apell / Books & Stationery / Art. Framing and Kodak Finishing / 035 W. Sth St., Los Angeles, Cal. – 20x-27cm – 42 Bll. – Seiten 26-80 paginiert – [*Das ganzseitige Titelbild zeigt ein Foto der Freiheitsstatue.*]

Der Kalender enthält: Werbung [für Hirschfeld Bros. Feuerversicherungs Agentur] – Kalendernotizen für das Jahr 1919 – Notizen [*6 Seiten leere Blätter*] – Der Weltkrieg. Eine kurze zusammenhängende Geschichte des Krieges 1914-1918 [S. 26-38; „Der Eintritt Amerikas in den Krieg besiegelte das Geschick

Deutschlands, das sich durch mehr als drei Jahre hindurch erfolgreich gegen eine Uebermacht von Feinden nicht nur erwehrt hatte, sondern im Begriffe war, den enggültigen Sieg an seine Fahnen zu heften." S. 35] – Das Haus Hohenzollern und Geschichte Deutschlands – Das Haus Habsburg und Geschichte Oesterreich=Ungarns – Denkschrift des Fürsten Lichnowski und Jagow's Antwort auf dieselbe [S. 49-67] – Die Heimat im Felde. Die Fürsorge Amerikas begleitet den Soldaten bis in ferne Länder und sorgt für sein geistiges und leibliches Wohlergehen -Die Dreier Batterie. Von R. Kraßnigg – Die Regiments Gans. Von H. Albrecht – Auch ein Kriegsereignis – Eine fromme Lüge. Skizze von Anton Götz – „In Ewigkeit, Amen" – Gerettet. Novelette von Hedwig Winkhelm – Witz und Humor – Zwei Seiten Werbung [*für* Hirschfeld Bros, Detroit, Mich., staatlich concessioniertes Geldsendungs - Geschaeft und Schiffskarten Agentur, *Vorder- und Rückseite des hinteren Umschlags*] – Universitäts- und Stadtbibliothek, Köln

Reihe N.N., Jg. 1925 Milwaukee / America Kalender / 1925 / 45. Jahrg. Verlag von Geo. Brumder, Milwaukee, Wis. 1925 – [*Die Titelillustration zeigt die Freiheitsstatue auf einem Sockel, auf dem links und rechts zwei allegorische Frauengestalten sitzen, die eine mit einem Brief in der Hand, die andere mit Sichel und Ährenbündel (?), auf dem Sockel der amerikanische Adler, darunter ein stilisierter Kopf mit dem Stirnband „LIBERTY" im Haar mit der Unterschrift „E PLURIBUS UNUM."*] — 254 Seiten plus Einband, gebundenes Exemplar – S. 18-254 paginiert - 13,2x19,7cm –

Der Kalender enthält u.a.: Werbung [*ganzseitig, auf vorderem Umschlag, für Publikationen des Verlags Brumder, Milwaukee:* Milwaukee Herold (Tageblatt) und Milwaukee Sonntagspost (Sonntagsblatt); Milwaukee America (Dienstag) und Haus- und Bauernfreund (Freitag); Die Rundschau und Haus- und Bauernfreund; „Bestellen Sie die Zeitung für Ihre Angehörigen in der alten Heimat."] – Zur Jahreswende [„Die Wolken, die himmlischen schwebenden Schwestern, / Befragen den weltumwandelnden Wind"] – Gemeinnütziges. Rechtliche Verhältnisse zwischen Ehemann und Ehefrau – Die Mittelpunkte der amerikanischen Industrie – Größere Sorgfalt bei der Zubereitung von nach Deutschland bestimmten Postpaketen – Post gibt wieder Geldanweisungen nach Deutschland aus – Die inländische Paketpost und ihre Benutzung – Vom Ersticken im Autmobilschuppen – Strafen für gefälschte Bürgerbriefe – Wie uns die Verfassung durch die Freiheitsurkunde beschützt – Fabel – Allerhand Scherz – Abendlied [ganzseitige Illustration: „Nach einem Gemälde von Claus Meyer"] – Präsident Calvin Coolidge [ganzseitiges Foto] – Weltumschau August 1923-August 1924 [S.34-79, mit zahlreichen Fotos] – Die Geschwister. Novelle von Grete Massé [S. 80-92] – Das „Heilige Jahr" der katholischen Welt – Allerhand Scherz – Der Osterbesuch [ganzseitige Holzschnitt-Illustration] – Osterglaube, [unterzeichnet] Heinrich Eckmann [„In meinem Garten wollen / Die Blumen wieder blühn"] – Wetteraberglaube – Ein geheimnisvoller Diebstahl – Entwicklung des amerikanischen Transportwesens von 1700 bis 1924 [ganzseitiges Foto, darauf Pferdekarren neben einer Lokomotive] – Unverhoffte Rettung [Bildwitz] – Hero und Leander. Eine Eselsgeschichte aus Altenroda von Paul Keller – Die Freiheitsstatue im Hafen von New York [ganzseitiges Foto] – Das neue Einwanderungsgesetz – Die neuen Einwanderungsquoten – Die alte Welt: Asien [ganzseitiges Foto, u.a. mit einer Frau auf einem Elefanten] – Einwanderer und Besucher – Was sind Einwanderungsvisa? – Die neue Welt: Amerika [ganzseitiges Foto einer Skulptur, u.a. mit einem Indianer auf einem Bison] – Ausländer, die sich zeitweise ins Ausland begeben – Permits – Weitere Einzelheiten über Permits für zurückkehrende Ausländer – Aus-führbestimmungen des Einwanderungsgesetzes – Der alte Dorfschmied [ganzseitiges Foto] – Frauen und Kinder der kürzlich gelandeten Ausländer – Für amerikanische Bürger, die ihre Verwandten kommen lassen wollen – Verbesserungen auf Ellis Island für angehaltene Einwanderer – Ausbeutung von Einwanderern – Das Dienstmädchen – Pfingstgebet [„Geist der Pfingsten, ströme nieder! / In die Herzen, in die Seelen"] – Bleigiess'n – Auf einem Tiertransport – Allerhand Scherz [*2 Seiten*] – Der Sport und seine Bedeutung. Von Frank A. Bayer – Baseball der amerikanische Nationalsport – Fußgängersport in Amerika – Abend, *unterzeichnet* Emil Schulze=Malkowsky [„Ins Fenster hängt der Abend nun / Tiefblaue Dämmerschleier …", *inkl. ganzseitigem Holzschnitt*] – Für die Frauen. Von Frau Grete. Die Kunst des Schenkens – Am Kamin *unterzeichnet* X. v. Gaysberg [„Vergilbte Briefe – rosenrot / Wie meine junge Lieb' gewesen"] – Pünktlichkeit – Lasse dich nicht von deinen Launen beherrschen – Vergänglichkeit des Parlors – Gebändigte Gier. Von Friedrich Freksa – Coolidge, der Schweiger – Im Dämmerstündchen *unterzeichnet* Josephine Moos [„Wenn die Dämmrung im grauen Kleide / Durch die Scheiben ins Stübchen schaut"] – Zum Danksagungstag unterzeichnete Karl Gerok [„Danket dem Schöpfer und preist den Erhalter, / Ihn, dessen Güte immer noch neu"] – Ihr Trick. Von Viktor Borchert – Die Familie Coolidge – Der Wald. Von Hans Buschbauer [*mit einigen ganzseitigen Fotos*] – Giftpflanzen in den Vereinigten Staaten – Farmpachtverträge – Die Bienenzucht in den Vereinigten Staaten – Die Verhältnisse in der Landwirtschaft – Wichtig für landwirtschaftliche Arbeiter – Christnachtsage *unterzeichnet* J. Rothensteiner [„Wir sahen ein Nordlicht glühen / In der Christnacht, gewaltig und hehr"] – Für unsere Jugend. Wittich der Wanderer – Heimkehr von der ersten Reise [*ganzseitige Illustration*] – Der geheimnisvolle Zwirnsfaden – Die Glockenblume – Tanzpüppchen. [*ganzseitiger*] Scherenschnitt von Otto Wiedermann – Für die lieben Kleinen. Vom Kaufherrn Ludolf und seiner Tochter – Der traurige und lustige Herr Zwirn – Brücken=Murmelspiel – Zungenübung – Am Silvesterabend *unterzeichnet* Goethe [„Zwischen dem Alten, / Zwischen dem Neuen"] – Werbeanzeigen [*S. 225-254, u.a. für …, dazwischen die Artikel:*] – Farmer, schützt den Landbrief-träger – Die antike Kultur – Wie der Sperling nach Amerika kam – Wie Harding den Zollbeamten belog – Das Ende des julianischen Kalenders – Namen und Ursprung amerikanischer Städte – Das alte und neue Weiße Haus – Amerikanische Maß-einheiten und Standards – Inhaltsverzeichnis (S. 251f.) – Index to Advertisments (S. 253f.) – Bücher! Das Neueste und Beste stets auf Lager [*ganzseitige Werbung für Geo Brumders Buch-handlung, Milwaukee*] - Sammlung Graf II

Reihe N.N., Jg. 1948   Deutsch=Ungarischer / Familien Kalen-der / Heimatbote= Kalender / Sechszehnter Jahrgang" [*Innentitel*: „Siebzehnter Jahrgang"] / National Weeklies, Inc. / Winona, Minnesota / 1948 – Preis 1.00$ – 240 Seiten incl. Umschlag, S. 5-236 paginiert – 18,5x24cm – [*Das Titelbild zeigt ein Schwarzweißfoto mit einer größeren Menschen-gruppe, Erwachsene und zahlreiche Kinder, die vor einigen Farmhäusern (?) stehen, Bildunterschrift: „Überwarth Zigeu-nerkolonie".*]   -
Der Kalender enthält u.a.: Der Inhalt des Kalenders – Die Illu-strationen der Tafeln zeigen: Tafel 1: Bahai Tempel, Wilmette; Tafel 2: Innenansicht des Bahai Tempels; Tafel 3: Links: Köln, Blick vom Dom auf den Rhein mit Hohenzollern=Brücke. – Rechts: Dom, Südseite, im Vordergrund die Reste der Hohe-straße. – Unten: die Ruine der Kirche St. Gereon.- Aufnahmen von Presse=Bild=Dienst Horst Arlt. [*alles Kriegszerstörungen*]; Tafel 4: Dresden, nach der Bombardierung, „Momentaufnah-men"; Tafel 5: fünf Fotos aus Dresden, Fotos: Otto Fehre, Dresden; Unten: Hohestraße, eins die bekannteste Straße Kölns. Mit den Schaufenstern der ersten Geschäftshäuser war sie ein Sinnbild des geschäftlichen Lebens. Heute ein Trüm-

merhaufen. Photo von Presse=Bild=Dienst Horst Arlt; Tafel 6: Luftschutzbunker in Stuttgart, Photos wurde vom „American Relief for Germany" (W. Pfennigsdorf) zur Verfügung gestellt; Tafel 7: Splittergräben unter der Erde, Mannheim, Photo „American Relief"; Tafel 8: Lindenhofplatz, Mannheim, Photo „American Relief"; Tafel 9: Amerika hilft den Unterernährten (Kinder deutscher Bauern in Jugoslawien); Tafel 10: Künzelau bei Nürnberg; Tafel 11: Kleidertrachten in Lippe (Schalenberg); Tafel 12: Altensteig im Nagoldtal.- Ulm a. d. Donau.- Schillerhaus, Marbach. – Stellmacher bei der Arbeit; Tafel 13: Horb am Neckar; Tübingen; Lauterbach im Schwarzwald; Neuenstein; Tafel 14: Weimar; Tafel 15: Neuveville am Bielersee, Schweiz; Tafel 16: Ungano, Blick auf den Monte Bre; Kalender=Notizen für das Jahr 1949 – Gesetzliche Feiertage in den Ver. Staaten – Weihnacht in Bethlehem U.S.A.. Von Herbert Stein – Die Schlacht der Baeume in der Schweiz – Wie alt die Gabel ist. Von Herbert Stein – Der Schandpfahl lebt immer noch – Aus der Geschichte der Schokolade – Die Kreuzträger in San Luis Valley. Von Herbert Stein – Penitenter Kreuz (ganzseitige Illustration) – Die Prophezeiung. Von August Eigner, Wien – Aus der guten alten Zeit. Aus einem Kalender von 1894 – Im Hause des Gerichtes. Ein Traum nach einem alten Märchen. Von F. R. Richter – Begegnung zwischen Gestern und Morgen – Wieviel Arme hatte die Venus von Milo? Von Edmund Bickel – Der Mann im Urwald. Von Henry Wilde – Die unglaublichste Geschichte, die je in den U.S.A. passiere, *unterzeichnet* H. St. – Wie man vor 200 Jahren Glück wünschte – An der Unterelbe (*ganzseitiges Foto*) – Die drei Weiberfeinde. Von Paul Seidel – Das Gastgeschenk. Von Annaliese Wiener – Köln, St. Martin, im Hintergrund der Dom einst eine Stätte der Gesinnung und Andacht, heute Ruinen und Trümmer (halbseitiges Foto) – Goldsrausch[!] in der Rumpelkammer. Von Hans Herbst – Mensch und Baer. Von Reiner Rauth – Affen-schande [„Der Affe hinter seinem festen Eisengitter /

Fühlt tief den Fluch finst'rer Gefangenschaft"] – Von Buechern und Menschen. Von J. G. Lettenmair – Geschichte aus dem Jahre 1943. Von Annaliese Wiener – Erinnerung [„Erinnerung, du kehrst zurück / In's Land der Jugendträume"] – Foerster Peterl. Ein Märchen von Thea Mildner, Aussig – Die Kristalluhr. Von August Eigner, Wien – Der Tod des chinesischen Detektivs. Von W. E. Lange, Hannover – Amerikas wunderlichste Haeuser – Wicken. Von George Kukies [„Horch, aus Waldgeisterchens Runde / Klingen leis zu später Stunde"] – Die rote Waldameise schützt den Wald, unterzeichnet Heinrich Schulz – O alte Burschenherrlichkeit … Deutsches Studentenleben einst und jetzt. Von Prof. Dr. Werner Ziller – Versunkene Staedte. Hat es Atlantis, Vineta und Rungholt wirklich gegeben?, *unterzeichnet* G. U. – Revolution 1848. Eine Jahrhundert= Erinnerung. Von Morris Findling – Wenn man fuer einen anderen buergt. Von Dr. Walter Meckauer – Die letzte Koenigin von Madagaskar, *unterzeichnet* Haestee – Lebendig ge-bäh-rende Pflanzen, *unterzeichnet* Herbert Stein – Können wir heute noch Gedichte lesen?, *unterzeichnet* V. E. – Alphabet der Entgleisungen – Meister Fiehlings Wette. Von Catharina von Egesdorf – „Ihr habt es nicht". Von H. R. Achleitner – Die einsame Mutter [„Es sitzt einsam die alte Mutter, / Ihre welken Hände im Schoß"] – Pforzheim die Stadt der deutschen Schmuckindustrie. Von Lore Haisch – Der Ferdl vorm Gericht. Von Hans Roman Achleitner – Tafeln 9, 10, 11, 12 – Frühlingshoffen! [„Der Sommer ging dahin, und herbstlich färben / Sich längst die Blätter schon an Baum und Strauch."] – Zuspruch!, *unterzeichnet* G. A. F. Diez [„An den zerschossenen Häusern treiben / Schon wieder die Halme, wächst schon der Wein."] – Wolfsschlucht bei Warniken (*ganzseitiges Foto*) – Schweinemarkt. Besichtigung durch Käuferin (*ganzseitiges Foto*) – Das zerbrochene Windradl – Hannel. Von Hans Heinrich Noebel – Stunden der Einkehr. Von Else Steinberger – Weihnachtsabend [„Und jedes Jahr kommt wieder jene

Stunde, / Da plötzlich aller Haß versinkt"] – S'Gebet [„s klan Dirndle mit d'r Muatta / Hatt in d'r Kirch' am Sunnta bet'"] – Poesie im Rechenbuch – Das Lied der Kinder. Von Annalise Wiener – Das Versprechen, unterzeichnet Fritz Siegfried Weinmann [„Der Himmel ist blau. Die Sonne lacht. / Mein Liebchen will nichts mehr von mir wissen."] – Mutterlinde. Von Geo Hering – Abschied von der Heide. Von George Kukies – Liebesbriefe nach Malakka. Von E. A. Greeven – Der weisse Zauberer von Tapuela. Dreiundzwanzig Jahre Kannibalenhäuptling. Von W. Ebert – Bootsverkehr in der ehemals deutschen Memelniederung (*ganzseitiges Foto*) – Sedrun, Schweiz im Pulverschnee, unterzeichnet W. Z. – Himmel und Hölle, *unterzeichnet* Fritz Siegfried Weinmann [„Ob im Himmel ich verkläre, / Wenn einmal die Erdenschwere"] – Tyrannen in der Tierwelt. Von Prof. Dr. H. Wohlbold – Wiegenlied. Von August Eigner, Wien – Welttheater. Von G. R. F. Diez [„Seht her! Das nenne ich Regie! Welch Leben in den Massen! / Der Regisseur ist ein Genie! Ist Hans in allen Gassen!"] – Die Kloeppelkunst, unterzeichnet Fritz Römer – Rübezahl lebt noch. Von F. R. Richter – Die Kriegszerstörung der deutschen Städte (Siehe Bild auf nächster Seite!) – [*ganzseitige Karte Deutschlands mit den zerstörten Städten*] – Tafeln 13, 14, 15, 16 – Huli, der Herr des Tschungels. Von Franziska Standenath – Ich bin nicht neidisch [„Ich bin nicht neidisch, auch wenn's schlecht um mich steht / Und es anderen unverdient besser geht!"] – Und rund herum ein goldner Rand. Erzählung von Otto Alfred Paltizsch – Entschuldigen Sie, Herr Kommerzienrath! – Der Wundertee – Eheschliessung und Scheidung – Das Erbrecht in den Vereinigten Staaten – Rechtsanwälte in den Vereinigten Staaten – Rechtsgeschaefte und ihre Formen – Fragen in der Buergerpruefung [S. 148-151] – Postbestimmungen für die Vereinigten Staaten – Der Tapir und der Elefant, *unterzeichnet* Fritz Siegfried Weinmann [„Der Tapir sagt zum Elefant: / ‚Da leider ich nicht so bekannt"] – Das große Einmal=Eins – Adressen von Verwandten und Bekannten – Landsmännisches Adressenverzeichnis [*doppelspaltig*, S. 161-236] [*hinterer Umschlag: zwei Seiten Werbung, u.a. für* Deutsch-Ungar. Altenheim, Chicago] - Universitäts- und Stadtbibliothek, Köln

Reihe N.N., Jg. 1976 Das[!] Siebenundvierzigster Jahrgang / Der Neue Americanische / Calender / Auf das Jahr unseres Heilandes Jesu Christi / 1976 / welches ein Schaltjahr von 366 Tagen ist. / Herausgegeben von / Ben J. Räber, Baltic, Ohio. – 48 Seiten u. Umschlag - Seiten 1-48 paginiert – 17,5x22cm – Printing by Cordonville, Pa., Print Shop - [*Das Titelblatt enthält auf einem Drittel einen Holzschnitt mit US-Adler, zwei Pferden, einem Wappenschild mit Segelschiff, Pflug und Garben auf einem Feld, darunter das Schriftband „VIRTUE – LIBERTY & INDEPEN DENCE."*] [*Der gesamte Kalender ist überwiegend in Frakturschrift gedruckt.*]

Der Kalender enthält u.a.: Hundertjähriger Kalender für das Jahr 1976 – Die Planeten im Jahr 1976 – Hutterian Brethren [S.1-4] – BOOK LIST [= ganzseitige Werbung für Raber's Bookstore, Baltic, Ohio] – Zum neuen Jahr [„Ein Neujahr ist erschienen, / Bringt Gruß der alten Welt"] – Auch ein Aberglaube – Wettersprüche – Nimm mich, Vater [„Spielt' ein Kindlein zu des Vaters Füßen, / Baute Häuslein auf und stieß sie nieder", unterzeichnet Karl Pöls] – Die Stimme des Gerichts – Geduld bringt Rosen [„Es ist Geduld ein rauher Strauch / Voll Dornen aller Enden"] – Ich muß wirken. (Joh. 9, 4. 5.) – „Plappern wie die Heiden." – Noch zu viel Hochmut – Rundschau – Der Blume gleich [„Stets fertig zu des Allerhöchsten Ruhme / Sei deine Seele gleich der holden Blume!"] – Stille Stunden – Einkehr [„In deines Herzens stillem Kämmerlein, / Kehr nach des Tages Last und Mühen ein"] – MINISTER'S LIST [S. 30-45 zweispaltig] – Order Blank [Werbung für Raber's Book Store, S. 46-48] – Vom Aderlassen und Schröpfen [*inneren Rücken-*

umschlag] – Zip Code and P.O. of Amish Communities in U.S.A. [*Rückenumschlag, außen*] –

„Raber's New American Almanac is an almanac used by many Old Order Amish, published by an Amish bookstore in Baltic, Ohio. The German edition has been published since 1930, and the English edition since the 1970s". (*Wikipedia, The Free Encyclopedia*) „*Raber's*, in fact, is a look-alike of *Baer's* … having adopted its cover logo from the discontinued *Baer's* German edition." (*Robert Rhodes: Baer's Almanac. Almanacs long a part of American Anabaptist culture, in: Mennonite Weekly Review, 6. 1. 2004?)* "Though the English-language almanac has been coming out since 1970, its German counterpart has a longer history, dating to 1930 […] *Der Neue Amerikanische Calender* is in some ways identical with each year's almanac, but appears in fraktur-printed High German. The piety quotient of the two editions often differs […] the *Calender* started after the much-older *Baer's Agricultural Almanac* stopped coming out in German." (*Robert Rhodes: Raber's Almanac. For the Amish, almancs help keep the year in order, in: Monnonite Weekly Review, 6.1.2004?*)

b. Ergänzungen II: Englischsprachige Kalender
Supplements II: English-language calendars

Zahlreiche deutschstämmige bzw. mitteleuropäische Drucker und Verleger haben neben ihren deutschsprachigen Kalendern auch solche in amerikanischer Sprache hergestellt. Beispielsweise produzierte die Druckerfamilie Albrecht bzw. Albright in Lancaster seit 1788 ihren „Neue[n], Gemeinnützige[n] Landwirthschafts Calender" und in späteren Jahren, parallel dazu, den „The Pennsylvania Agricultural Almanac". Als William Albrecht bzw. Albright 1832 starb, übernahm sein Nachfolger Johannes Bär bzw. John Baer diese Kalender: Baer druckte den „Agricultural Almanac", der bis in die Gegenwart unter diesem Titel erscheint, seit 1826 (1828?), und seit 1831 (bzw. 1833) den „Pennsylvanischen Calender", dessen letzter Jahrgang zum Jahr 1918 herauskam.

Nachfolgend eine kleine Auswahl deutsch-amerikanischer Kalender, die in amerikanischer Sprache verfasst sind. Auch sie folgen überwiegend, sowohl was das mitteleuropäische Format angeht (annähernd Quart) als auch bei der Binnenstruktur, inhaltlichen Schwerpunkten u.a., den jeweils zeitgleichen deutschsprachigen Vorbildern. Dieser Traditionszusammenhang galt als verkaufsförderndes Argument, wie entsprechende Verweise auf den Titelblättern nahelegen (vgl. *1838, 1866, 1884, 1888, 1896*). Auch Fischer und Bruder, Philadelphia publizierten „Kalender, deutsche und englische…" (vgl. *Mix, S. 1488*). „In 1870 the *Mennonite family almanac*, later known as the *Family almanac*, appeared both in English and German (*Familien-Kalender*)" (*Stichwort "Almanacs" in: GAMEO – Global Anabaptist Mennonite Encyclopadia Online*)

Numerous printers and publishers of German or Central European origin also produced calendars in American alongside their German-language calendars. For example, the Albrecht or Albright family of printers in Lancaster produced their "Neue[n], Gemeinnützige[n] Landwirthschafts Calender" from 1788 and in later years, in parallel, "The Pennsylvania Agricultural Almanac". When William Albrecht or Albright died in 1832, his successor Johannes Bär or John Baer took over these calendars: Baer printed the "Agricultural Almanac", which has been published under this title to the present day, since 1826 (1828?), and the "Pennsylvanian Calendar", the last volume of which was probably published in 1918, since 1831 (or 1833).

The following is a small selection of German-American calendars written in American. They, too, largely follow the German-language models of the same period, both in terms of the Central European format (approximately quarto) and in terms of the internal structure, focus of content, etc. This traditionnal connection was seen as a sales-promoting argument, as the corresponding references on the title pages suggest (cf. 1838, 1866, 1884, 1888, 1896). Fischer and Bruder, Philadelphia, advertise their printed articles in their calendar for 1856: "[a.o.] they publish [annual] calendars, German and English..." (Mix, p. 1488)

Jg. 1838   United States Almanac[k], / For the Year [of Our Lord] 1838. [Being the second after Bissextiel, or Leap Year: / Containing 356 Days, / And after the 4th of July, the sixty-second of American Independance. / ARRANGED AFTER THE SYSTEM OF THE GERMAN CALENDARS. / [*Im Titelholzschnitt "Proclaim Liberty to the World!": eine Warenladung am Kai, im Hintergrund Segelschiffe, signiert mit "H.Hamman(?)]* / Containing, / The Rising, Setting, and Eclipses of the Sun and Moon; the Phases, Signs, and / Southings of the Moon; the Aspects of the Planets, with the Rising, Setting, / and Southing of the most conspicuous Planets, and fixed Stars; the times of

High / Water at Philadelphia; the Equation of Time, and other Miscellanies, &c. & c. / Carefully Calculated / For The Latitude and Meridian of Philadelphia. / By / CHARLES FREDERICK EGE-LMAN. / The Calculation of this Almanack is made to solar or apparent time. / Philadelphia, / [P]ublished by George W. Mentz & Son, No 53, North Third Street/ *Easton"]* – 14 Bll., S. 4-28 paginiert [*schadhaftes Exemplar, die letzten 3(?) Blätter fehlen*] – 17x20,5cm – Hängeschlaufe

Der Kalender enthält u.a.: Remarcable Event of the Late American War: 1812 – 1813 – 1814 – 1815 – Patrick Henry – American General – Domestic Life Among The Indians [S. 11, 13] – Miraculous Es-cape of Gen. Washington – Indian Virtue – Indians Idea of Wearing Hats – Attack of an Alligator – Parental Affection, and Female Courage – Temperance Estimates – Universitäts- und Stadtbibliothek, Köln

Jg. 1866 [No. LIV] J. Gruber's / Hagers-Town / Town and Country / Almanack, / For The Year Of Our Lord / 1866. [Being the 91st of the Independence of the United States, / and a Common Year of 365 Days. / Arranged after the System of German Calendars. / Containing / The rising, setting, and Eclipses of the Sun and Moon; the phases, places and southing of / the Moon, the aspects of the planets, the rising, setting & southing of the most conspicuous / planets & fixed stars, the equation of time; with a variety of useful and entertaining mat-/ ter, anecdotes, a list of courts, &c. &c. / Carefully calculated for the Horizon of Maryland, but will serve for / the adjacent states, without material variation. / Original Calculation by Laurence J. Ibach, / Successor of Ch. F. Egelmann, deceased. / (Copy-Right Secured) / NOTICE! – The publication of the "Hagerstown Town and Country Almanac," English and Ger-/ man, will be continued by the family of Mr. John Gruber, deceased, under the business management of / Mr. T. G. Robertson of Hagerstown. All communications and orders to be addressed to Mr. Ro- / bertson. – In every respect the Almanac will be as heretofore. / Hagerstown, Md., May 31, 1858. (Signed.) Mrs. Catharine Gruber. / The Calculation of this Almanack is made to Solar or Apparent Time.] / Hagerstown, MD., Printed [and sold] by John Gruber [, South Potomac Street, / Where German Almanacs are also to be had.] / Orders for the "Hagerstown Almanack" to be addressed to T. G. Robertson, Hagerstown, Md. / Whitney, Cushing & Co., - Cushings & Bailey, - and Henry Taylor, Baltimore, Md.- 16 Blätter = 32 Seiten, unpaginiert – 18x21cm – [*Verunreinigung*] [Jgg. 1850, 52, 68, 81/82, 87, 94, 99 ebenfalls vorhanden] [*Der Kalender erscheint bis in die Gegenwart; der Jg. für 1966 vermerkt auf dem Titelblatt:* "SOLD IN 35 STATES – CIRCULATION 225,000"]

Der Kalender enthält: "One man left to tell the truth" – Historical Record – Items for Housekeepers – A Grand Old Poem ["Who shall judge a man from manners? / Who shall know him by his dress?"] – Cold Comfort – [*einige Anekdoten u.ä.*] – History of the Plow – Lion Tamer Eaten Up – A Mathematical Puzzle – The Speed of Railroads – Go Governs, Trust Him – The Sunny Side – Bible Riddle, or The Wonderful Prophet – The Telescope – Woman's Temper – Weather Prognosticator – Our Presidents ["First stands the lofty Washington, / That nobly great immortal one"] – [*einige Anekdoten* – Stamp Duties – Courts in Maryland – Pennsylvania Courts of Common Pleas – [*ganzseitige Anzeige für* T. G. Robertson, Bookseller & Stationer, *vorletzte Seite*] – Large Multiplication Tabel [*letzte Seite*] - Universitäts- und Stadtbibliothek, Köln

Jg. 1884 Uncle Sam's / Almanac / For the Year 1884 / Philadelphia: / Published by Morwitz & Co., / 612 & 614 Chestnut
Street – [*Der Titelholzschnitt zeigt die genannte Figur auf einem Stuhl sitzend, das Buch in seiner Hand ist bezeichnet
„This is My Almanac Uncle Sam"*] – 16 Bll., unpagiert –
15,5x20cm – [*Lochung für Hängeschlaufe*]

Der Kalender enthält: Holzschnitt [*View of Memorial Hall –
Centennial Exhibition, Philadelphia*] - Introduction [„Again Un-
cle Sam – more respectfully Samuel – greets his children with
his and their Almanac ..."] – The Ages of Presidents – How
"Brother Jonathan" and "Uncle Sam" originated – Historical
Coincidences – The Umatilla Reservation – Washington's Mo-
ther's House – Pension Claims Increasing – Hanging Rock –
The Making of Greenbacks – Some Idea of the vast moneyed
interest – Kitty Fisher's Jig – Our Foreign and Domestic Trade
– The United States have an area... - Distribution of Wool –
The Fortunes of four leading California railroad men... - The
Blue Laws – The Paymaster-General's Report – National Banks
– Security Bonds – Estimates of the Wheat Crop – The First
American Thanksgiving – Popular Suffrage – Government
Bonds – Notes Redeemed – Receipts – The Sales of Public
Lands – To Impatient Young Men – The Increase of Wealth –
The Most Fertile Land of Earth – War Expenses – Secrets of
Success – In 1816 – Postal Revenue – President for One Day –
This Country has Four Kinds of Money – Court Calenders
[Pennsylvania, Delaware, Maryland, New Jersey – Large Multi-
plication Table [*Rückseite*] [*auch für das Jahr **1910** erschienen:*
Published Annually for the Trade / At the National Almanac
Manufactory.] – Sammlung Graf II

Jg. 1884 NATIONAL CALENDAR / OR / HERRICK'S ALMANAC,
/ FOR THE YEAR OF OUR LORD / 1884 / BEING BESSEXTILE OR
LEAP YEAR; / UNTIL JULY 4TH, THE 108TH OF AMERICAN INDE-

PENDENCE. / IN WHICH IS CONTAINED / AMONG OTHER USE-FUL AND ENTERTAINING MATTERS, THE REMARKABLE / Eclipses, Lunations, Cunjunctions & Aspects, / WITH / TABLES OF THE RISING AND SETTING OF THE SUN AND MOON, THE TI-DES, AND / A NOTICE OF THE SUN'S FOUR CARDINAL INGRES-SES. / For he hath given me certain knowledge of the things that are, namely: to know how the world was made / and the operations of the elements: the beginning, ending and midst of the Times. – Wisdom, VII, 17, 18. [*Der Titelholzschnitt befindet sich im unteren Drittel der Seite und zeigt landwirtschaftliche Gegenstände: ein Fass mit Feldfrüchten, rechts daneben eine Getreidegarbe, links ein Pflug und eine Egge, davon ein Kürbis, Birnen, eine Sichel, eine Harke.*] – PUBLISHED IN ENG-LISH AND GERMAN [*auf den späteren Jgg. nicht mehr*] / BY THE PROPRIETORS OF / Dr. Herrick's Family Medicines / 69 MURRAY ST., NEW YORK / PRESERVE THIS FOR THE COMING NEW YEAR – 14x20cm – 26 Blätter, unpaginiert [*Blatt 2 fehlt*]

Der Kalender enthält u.a.: Personal Beauty and Bodily Strength – There is only one chance more! (*Werbung für* Dr. L. R. Herrick's-Coated Vegetable Liver Pills) – A Word to the Public – Liver Complaint – Dyspesia – Languages of the World – Waste Paper – Sick Headache – Chills and Fever – Kidney Complaint – Consumption – Rheumatism – To Wash Hair Brushes – Paste for Sharpening Razors – The Weddings – Indigestion – Neuralgia – Affections of the Blood – Furred Tongue – Constipation – The Life of Man – A Most Refreshing Bath – TRAINING YOUNG AMERICA (*ganzseitiger Holzschnitt*) – General Debility – Pleurisy – Jaundice – Diseases of Childdren – Pounds Per Bushel of Different Articles [u.v.m.] – GIVING HIS OPINION ON HERRICK'S PLASTERS – RENNE'S PAIN-KILLING MAGIC OIL. A WONDER OF THE HEALING ART – DR. L. R. HER-RICK'S Perforated Capsium or Red Pepper Plasters – DR. L. R. HERRICK'S Kid Strengthening Plasters – THE FUMIGATOR CI-

GARETTE – Dr. L. R. HERRICK'S GERMAN HORSE LINIMENT – HARVELL'S CONDITION POWDERS [u.v.a.] – USEFUL RECIPES AND INFORMATION – [*Rückseite*:] [*Ein dreiviertelseitiger Holzschnitt zeigt einen Dampfer mit zwei Segeln und zwei Kaminen, auf den Segeln die Aufschrift „RENNE'S PAIN KILLING MAGIC OIL" sowie „HERRICK'S PILLS", „HERRICK'S PERFORATED PLASTERS".*], *darunter*: „FOR SALE BY / HENRY L. ADAMS, / AUBURN, Cayuga Co., N.Y." – Sammlung Graf II

Jg. 1888 Farmers & Mechanics / GERMAN-ENGLISH / ALMANAC / 1888 / A. H. POUNSFORD & CO. / PUBLISHERS, / 3 W. Fourth and 149 Main Strs., / Opposite the "Highest Steeple." / Cincinnati – 34 Seiten, unpaginiert – 16x20,5cm – Hängeschlaufe – [*schadhaftes Stück*] [*Der zweiteilige Titelholzschnitt zeigt im oberen Teil eine große Brücke, unter der ein Dampfer zu sehen ist, im unteren Teil einen mit zwei Pferden pflügenden Bauern.*] [Jg. 1892 ebenfalls vorhanden]

Der Kalender enthält u.a.: SIGNS OF THE ZODIAC, OR HUMAN ANATOMY – Modern and Improved Weather Signals [„Crab – A backward Season – Man o a Bicycle – An early Fall" …] – Worth Knowing – Merry and Wise – Hit or Miss – Sparks – To tell the Age of a Horse ["To tell the age of any horse, / Inspect the lower jaw, of course"] – Puns and Points – Gems – Cleanings – True Sayings – Captures Smiles – Reprints – Wit and Humor – Conundrums – Hilarities – Merry Moments – The Age of Man ["The soldier's age is cour-age; / The shopman's age is till-age"] – Places of Abode ["For the fisherman – Cork. / For the soldier – War-saw."] – Pleasantries – Higgledy Piggledies – Memory Gems – Jekelettes – [*sechs Seiten ganzseitige Werbung, u.a. für Clemens Hellebush, Manufacturing Jeweler; davon 3 Seiten THE STANDARD WAGON COMPANY, CINCINNATI, O.*] - Sammlung Graf II

Jg. 1896   Established 1804 / The / Reading Eagle / Almanac / For the Year of our Lord / 1896, / Which is a Leap Year of 366 Days. / Reading, Pa.: Printed and sold by Jesse G. [Hawley] No 542 Penn street, where German almanacs / [are al] so be had. / [...] solar or apparent time, from the meridian of [...] / L. J. Ibach. – 16 Bll., S. 5-31 paginiert – 17x21cm – [*Der Titelholzschnitt zeigt im Zentrum das Druck- und Verlagsgebäude von „The Reading Eagle", Sixth St., Ecke Penn St.*] [*schadhaftes Exemplar, Verschmutzung*]

Der Kalender enthält: Courts in Berks County for 1896 – Eagle Book Store [*ganzseitige Werbeanzeige*] – Gypsies an their Origin [S. 5-13] – Napoleon's Overthrow (Victor Hugo) [S. 13-17] – Steady Farming – The Old Oaken Bucket (Samuel Woodworth) [„How dear to this heart are the scenes of my childhood, / When fond recollection presents them to view!"] – Madness, or Hydrophobia – The Good Housekeeper ["How can I tell her? / By her cellar"] - President Lincoln to the Workingmen – Woman Grammatically Considered – Navy Yards in the United States – World's Expensive Bridges – Isaac van Amburgh [geb. 1811] – Centennial Almanac – Variations of Wages between States and Countries – Berk's Voters für 1895 – Money Circulation – A few hints on dog training – "The Reading Eagle ... The Workingmes's Friend" [*Werbeanzeige für die Tageszeitung*] – Short Almanac fort he Year 1896 [*Rückseite*] – Sammlung Graf II

Jg. 1899   Thirtieth Year of Publikation / ***Family Almanac*** / For the year of our Lord / 1899. / Being the third after Leap Year, / and until the Fourth of July, the 123d of / American Independence. / Containing full and authentic Astronomical and other valuable Information / for Field and Fireside. / Elkhardt, India-

na. / The Mennonite Publishing Company. / Printers and Publishers. 28 Bll.[= Umschlagtitel, Innentitel u. 54 S.] – 17x 23,5-
cm – [Jgg. 1902, 05/06, 14/15, 17, 22 ebenfalls vorhanden]

Der Kalender enthält: The Most Reliable People [*Rückseite des
Umschlagtitels: ganzseitige Werbeanzeige* der Mennonite
Publishing Co.*]* – The thirtieth Year – Our Family Almanac
[„Our Family Almanac to you we send, / Upon the threshold
of another year"] – Answers to some Inquieries – Henry Funk.
Miller and Man of Letters (W. H. Richardson) – Ann Young's
Text – The Monkey Race – Lost and Found – A Prison Incident
(A True Story.) – A Model Husband – The Bedbug – The Sod
Church – In A Strange Land – To Girls ["Girls, here is a bit of
advice for you: / There are men in the world whose love is
true"] – Remember in Cooking Vegetables – Home Hints –
Miscellaneous – Homes for Mennonites in the South along
Southern Railway – Names of Ministers and their Adresses [*3
Seiten*] – Meeting Calendar for 1899 [*2 Seiten*] – Werbung [*12
Seiten*] - Universitäts- und Stadtbibliothek, Köln

Jg. 1905 THE / PERUNA ALMANAC / LUCKY DAY / 1905 1905
/ ISSUED EACH YEAR BY THE PERUNA DRUG MFG. CO.
COLUMBUS, O. – This Pamphlet copyrighted 1904 by / S. B.
Harman, M.D. Columbus, Ohio / HANDY BOOK OF INFOR-
MATION FOR THE FAMILY. / ONE COPY FOR EACH HOUSE-
HOLD. / [*Die dreiteilige Titelillustration zeigt oben mittig in ei-
nem runden Rahmen ein kleines Blockhaus, überschrieben:
"WHERE PERUNA WAS FIRST MADE", darunter links ein Stein-
gebäude mit Schrägdach, überschrieben: "SECOND / PERUNA
/ LABORATORY", rechts ein größeres Steingebäude mit Flach-
dach, überschrieben: „THIRD PERUNA LABORATORY", darun-
ter halbseitig einen Straßenzug mit Pferdewagen und Stra-*

ßenbahnen, daran vier große Steingebäude, Unterschrift: „PRESENT PERUNA LABORATORIES AND HARTMAN SANITARIUM."] – 32 Seiten plus Umschlag, Seiten 2-32 paginiert – 17x23,5cm – Hängeschlaufe –

Der Kalender enthält u.a.: Astrological Chart – Twelve Signs of Zodiac (Aderlassmännchen) – Free Corrrespondence (Briefe an Dr. Hartman) – Write Dr. Hartman for Free Medical Advice – Character Reading – Congressman W. F. Aldrich Endorses The Tonic, PE-RU-NA – A Pastor Cured – Congressman Wilber Says, "Pe-ru-na is All You Claim for it." – Men of National Fame – Unitarian Pastor's Wife Restored By PE-RU-NA – Suffered Three Years – Heat Prostration – Saved From An Untimely Grave – Headache and Backache – Nine Doctor's [!] Failed – Thankful Women Praise Peruna for Pelvic Catarrh – To The Women Of The United States – Prominent Women Recommend Peruna – Peruna Cures Stubborn Cases of Chronic Catarrh – The Harman Sanitarium – Short Calendar For Two Years - Sammlung Graf II

c. Ergänzungen III *Ungesichtete* Kalender in
amerikanischer Sprache
Supplements III: Unseen *calendars in American language*

Abschließend (exemplarisch) einige Beispiele weiterer Kalender in englischer u.a. Sprache, die ebenfalls mitteleuropäischen Traditionen folgen (*keine* Autopsie, lediglich die Titelblattformulierungen sind wiedergegeben).

Finally a few examples of further calendars in English and ot-her languages that also follow Central European traditions (no autopsy, only the title page formulations are reproduced).

1759. / The *Pennsylvania* / Town and Country-Man's / ALMA-NACK, / *For the Year of our LORD 1759*. / [*Die Titelholzschnitte zeigen, oben: eine städtische Silhuette, auf zwei Türmen schauen zwei Wissenschaftler (?) mit Fernrohren in den Him-mel, in dem diverse Kalendersymbole zu sehen sind; unten: ein Bauer beim Pflügen mit zwei Pferden auf umzäuntem Feld, auf dem Zaun ein Eichhorn und ein Rabe, rechts ein gemauertes Haus.*] / Being *the third after Leap-Year*. / Containing almost every Thing usual in Almanacks. / By *JOHN TOBLER Esq* ; [Jo-hann Tobler, gest. 1765] / *Germantown* : printed and sold by *C. Sower* jun. And / to be had in *Philadelphia* of *Solomon Fus-sel*, at the Sign of the / Hand-Saw over against the Church in *Second-Street*, and also / of Christopher *Marshall* and *Jona-than Zane.*

PENNSYLVANIA / TEMPERANCE ALMANAC, / ADAPTED TO EQUAL OR CLOCK TIME, FOR / **1837**. /Lifting the Mortgage, or the Drunkard Reformed Signing the Pledge. *[= Überschrift des Titelholzschnitts] [Der Holzschnitt zeigt eine großräumige Kü-che mit Kamin und geöffnetem Geschirrschrank, vor dem die Hausfrau mit einem Kleinkind und einem auf ihrem Schoß sit-zenden Baby erwartungsvoll schaut; über dem Kamin ein Bord mit Geschirr, darüber eine langläufige Flinte; am mittigen Tisch sitzt der Hausherr und unterschreibt ein Papier mit der Überschrift „TOTAL ABSTINENCE", der Hund des Hauses und ein Gast schauen ihm dabei zu, auf dem gekachelten Fuß-boden liegt sein (?) Hu.t]* / He signs The Pledge: once more within his house / Shall dwell sweet Peace and dear domestic Love; / While Vice and Famine flee before his vows, / His wife

with tearful eyes thanks God above. *[= Bildunterschrift]* / PHI-
LADELPHIA: / Prepared and Published by the State Tempe-
rance Society, and sold by them at their Depository, / NO. 42
NORTH SIXTH STREET. / I. Ashmead & Co. Printers.

KEYSTONE / AGRICULTURAL / Almanac, / FOR / **1841**; / *[Der
Titelholzschnitt zeigt ein ganzseitiges klassizistisches Tor (des
Capitols?), in dessen Bogen 26 amerikanische Staaten be-
nannt sind, der mittlere (Gewölbe-) stein ist mit „PENNSYLVA-
NIA" beschriftet; zwischen den Säulen links „CONSTI – TU-
TION", rechts „AND – LAW]* BEING THE FIRST AFTER / BISSEX-
TILE, OR LEAP YEAR; / CONTAINING 365 DAYS, / And the Sixty-
fifth Year of American Independence. / PHILADELPHIA; / Pub-
lished and sold by William H. Walker, / NO. 28 NORTH THIRD
STREET.

UNION / ALMANAC FOR **1852**. *[Der Titelholzschnitt zeigt den
Union Jack im Wind über einer Festungskanone, im Hinter-
grund Schiffe]* / Baltimore, MD. / PUBLISHED BY CUGLE & BER-
GER, / No 254 MARKET STREET

FISHER'S IMPROVED / HOUSE-KEEPER'S / **18** Almanac, **56** [
und **1869**] / and / FAMILY RECEIPT BOOK. / *[Der Titelholzschnitt zeigt eine reichhaltig gefüllte Vorratskammer, im Hintergrund die Hausfrau am Kamin, eine dunkelhäutige Bedien-
stete reicht dem Hausherrn, der am Tisch sitzt, zu]* *[Heraus-
geber:]* Fisher & Brother, / No. 9 N. Sixth Street, / PHILA-
DELPHIA. *[Händler 1856 :]* J. W. CLOTHIER & CO., / STATIO-
NERS, / No. 52 NORTH FOURTH STREET, BELOW ARCH STREET.

The National Series of Almanacs. / FARMER'S / ALMANAC, / For the Year **1876**. / [*Der dreiteilige Titelholzschnitt zeigt ein Rind zwischen Getreide und Gemüse, beschriftet "GR. CULTURE", links einen Bauern mit Pferd und Egge, unterschrieben "RAKING", rechts einen Mann in Freizeitkleidung (?) auf einem Einachser mit zwei Pferden, unterschrieben „MOVING".*] PHILADELPHIA: Published by SOWER, POTTS & CO. / No. 530 Market Street

MARINERS ALMANAC / [*Titelholzschnitt: ein Dreimaster in voller Fahrt*] FOR THE YEAR **1877**. / PHILADELPHIA: / Published by SOWER, POTTS & CO. / No 530 Market Street

HOSTETTER'S / illustrerte / Forenede Staters / ALMANAK. / **1879**. /[*Der mittige Titelholzschnitt zeigt einen nackten Krieger (St. Georg?) mit Federhelm und Dolch in der Hand auf einem Pferd, der einen Drachen bekämpft.*] For Kjöbmänd, Haandvärksmänd, Bjergmänd, / Forpagtere, Plantagreiere, / samt til almindeligt Huusbrug. / Nöiagtigt beregnet efter den for en Universal=Kalender for de forenede / Stater bedst passende Höde og Bredde. / [*Für Gewerbetreibende, Handwerker, Bergleute, / Grundbesitzer, Plantagenbesitzer, / und für den allgemeinen Hausgebrauch. / Sorgfältig berechnet nach der Höhe und Breite, die sich am besten für einen Universal=Kalender für die Vereinigten / Staaten eignen.*] Udgivet og forlagt af / HOSTETTER & SMITH, / Pittburgh, Pa. / Norwegian [*norwegisch*]

TAKE ONE. FREE TO ALL. / FARMERS, PLANTERS / & MECHA-NICS / ALMANAC / FOR / **1881**. / PUBLISHED BY / THE DR. HARTER MEDICINE CO., / PRACTICAL AND ANALYTICAL CHE-MISTS, / No. 213 N. Main Street, St. Louis, Mo., U.S.A. [*Der Titelholzschnitt zeigt im oberen Drittel einen säenden Bauern, darunter ein Schriftband „AGRICULTURE.", im unteren Drittel links ein Hafenkai mit lagernden Warenballen, im Hintergrund ein Segelschiff und ein Leuchtturm, darunter: „COMMERCE.", rechts Arbeitsgeräte: ein Pflug, ein Spinnrad, ein Amboß mit Hammer, darunter „MANUFACTURES."] – Format: etwa Quart; etwa 32 Seiten, unpaginiert.-*

Der Kalender enthält u.a.: Holzschnitt (Aderlassmännchen) – Dr. Harter's Fever and Ague Specific, mit Holzschnitt [Ritter mit einem getöteten Drachen(?) – Elixier of Wild Cherry, mit Holzschnitt [drei Putti umflattern eine Elexierflasche] – Miscellaneous – Dr. Harter's Soothing Drops, mit Holzschnitt [ein Wüstenbewohner beschützt sein Kind vor einer Wildkatze] – *[auf der Rückseite:]* dreiteilige Werbeannonce für Rattenbe-kämpfungsmittel – vierteiliges Leporello mit Werbung für diverse Schädlingsbekämpfungsmittel.-

T. C. ROBERTSON'S / HAGERSTOWN / ALMANAC, / **1888**. / [*Der obere Titelholzschnitt zeigt die US-Flagge als Wappen-schild, der untere einen am Zaun lehnenden Bauern, der seinem Vieh und zwei Kindern zuschaut.*] HAGERSTOWN, MD, PRINTED BY T. G. ROBERTSON. / Orders for the "Hagerstown Almanac" to be addressed to T. G. Robertson, Hagerstown, Md. /Sickel, Hellen & Co. – Cushings & Bailey, - W. J. C. Du-launy & Co. – J. W. Bond & Co. / Leef Brothers – Armstrong, Cator & Co. – Dan'l Miller & Co. – Georg R. Brooks, / Johnson, Sutton & Co. – Hurst, Purnell & Co. – Gilbert Bros. & Co., / I. Greenbaum & Sons, Jno, A. Horner & Co. *[: alle]* Balt.[imore,]

Md. / New York News Co., N.Y. – J. B. Lippincott & Co., Phila-
delphia, Pa. – J. C. Blair, Hunt- / ingdon, Pa. – Morrison & Bro.,
Mt. Pleasant, Pa. – Randolph & English, Richmond, Va. / W. H.
Hiteshew, Chambersburg, Pa. – A. D. Buchler & Co., Get-
tysburg, Pa. – / Spiegel & Bro., Greensburgh, Pa. – Chas.
Fisher, Somerset, Pa. / Pittburg News Company, Pittburg, Pa.

August Flower / and / German Syrup / Almanac, / **1889**. [o.O.],
[Green's Diary Almanac] [Herausgeber:] G. G. Green – Format:
etwa Quart – *Der Kalender enthält u.a.:* ganzseitiger Holzschnitt [S. 2, *zeigt eine Parklandschaft mit großem Wohn-
haus(?), ein kleinformatiger Holzschnitt im Vordergrund zeigt
ein großes Gebäude, davor ein Pferdetransporter und eine
Eisenbahn, die Bezeichnung lautet: „General View from Laboratory Tower"*] – Uncle Sam Distributing Green's Diary Almanac to the World. [*auf einem viertelseitigen Holzschnitt verteilt der genannte Hg. Kalender, die durch die Luft fliegend von
einem „Bauerngott"(?) mit Sense in der Hand verbreitet werden.*] – Contents [*unterzeichnet:*] G. G. Green – WHAT GER-
MAN SYRUP CURES, mit drittelseitigem Holzschnitt [*eine Parklandschaft mit Springbrunnen und Brückchen über einen Was-
serlauf*] – DREADFUL COUGH ON THE LUNGS, unterzeichnet
PHILIP PICKETTS, Proprietor, Topeka Mineral Springs – ON
TAKING GERMAN SYRUP, mit drittelseitigem Holzschnitt [*die
bereits bekannte Parklandschaft aus einer anderen Pers-
pektive, unterzeichnet „The Terrace"*] – CALIFORNIA – CROUP,
unterzeichnet „MRS. JAS. W. KIRK [DAUGHTER'S COLLEGE,
HARRODSBURG, KY.] -

DR. HARTER'S / ALMANAC / **1889** / [*Der Titelholzschnitt zeigt
u.a. einen Bärtigen mit Stundenglas und drei spielende (?)
Putti.*] THE DR. HARTER MEDICINE CO. / ST. LOUIS, MO. U.S.A.

Der / Farmer=Kalender / für das Jahr **1898** [*Der Titelholz-schnitt zeigt ein kleines Gehöft mit Haus und Kapelle, Vieh im Vordergrund.*] / Herausgegeben / Morwitz & Co. / Nos 612 and 614 Chestnut Street, / Philadelphia

FARMER'S / ALMANAC / FOR THE YEAR **1898**. [*Die Titel-gestaltung ist incl. der drei Holzschnitte identisch mit dem "Farmer's Almanac 1876 von Sower, Potts & Co.]* / Phila-delphia, Pa. / Published by MORWITZ & CO. / Nos 612 and 614 Chestnut Street.

The / Frederick Almanac / FOR THE YEAR OF OUR LORD / **1906** / ISSUED BY / Victor Remedies Co., / Frederick City, Md., / U.S. A. / 1906 [*Die kleinen Titelholzschnitte zeigen oben den ameri-kanischen Adler in Angriffspose, der untere zwei Bauern, der eine mit einer Sense, der andere mit einer Harke (?) in der Hand.*] Published every year / Since 1818

FARMER'S / ALMANAC / for the year of our Lord / **1998** / Being second after Bis-sextile, or leap year, and until the / FOURTH OF JULY / The 222nd Year of the Independence of the / UNITED STATES / EDITED BY PETER GEIGER, PHILOM., / MANAGING EDITOR: SONDRA DUNCAN / CALCULATED BY HART WRIGHT CO. / Successors to David Young, Philom. / Copyright 1998 by the Almanac Publishing Co. / o.O. [Philadelphia, Pa.?] - *Der Kalender enthält u.a.:* [*auf der Rückseite*] ALMANACS / A Nostalgic Way of Life [*Die Titelseite zeigt ein steinernes Farm-gebäude des 19. Jahrhunderts(?)*] [*Die gesamte Rückseite enthält einen Abriss der Geschichte des vorliegenden Alma-*

nachs: "The *Farmers' Almanac* was founded 1818 by David Young, poet, astronomer, teacher and Philom. It has continued to be published for 181 consecutive years. Since Young, the *Farmers' Almanac* has had seven editors. The sixth editor, Ray Geiger, Philom., published 60 consecutive editions of the *Farmer's Almanac* and was the "Longest Running Almanac Editor In History". Geiger also brought his own unique flair to the *Farmers' Almanac*, adding jokes, quips, capitales of wisdom, recipes and helpful hints to the valuable weather, astronomical, planting and gardening, and fishing staples of the *Farmers' Almanac*. The seventh and current editor is Ray's son, Peter Geiger, Philom.- There are actually two versions of our *Farmers' Almanac.* One is given away by businesses as a goodwill builder, and the other (this version) is sold at stores everywhere. Both creatively combine nostalgia with helpful hints, tall tales, witty cocliners and rafbits of trivia for people of the 1990s.- We hope you enjoy the year's *Farmers' Almanac*, as it contains the same wit, wisdora, charm, and helpful hints which have made it an American tradition. It is a direct link to America's past, and should be read by everyone, farmers and city folk alike."

6. Titel der Kalenderreihen / Titles of the calendar series

a. bei Mix u.a.

Reihe Titel Bd. 1

01   Der Westliche Calender
02   Wrigh's Bilder Familien=Kalender
003 Der Haushaltungs=Calender
04   Der Illustrirte Calender
05   Der Recept-Calender und Familienweg-Weiser
06   Humoristischer Kalender
07   Der neue Reading Adler Calender
08   Der Pilger=Kalender für Stadt und Land
009 Reformirter Kalender
010 Americanischer Stadt und Land Calender
011 Rosenthal's Berks County Calender
012 „Westlicher Vaterlandsfreund"
013 Der Neue Readinger Calender
014 Neuer Haußwirthschafts Calender
015 Neuer verbesserter Calender
016 Verbesserter Calender
17   Der Westliche Menschenfreund u. Schellsburger Calender
18   Neuer Readinger Calender
19   Schlußstein Landwirthschafts Calender
20   Stadt= und Land=Calender
21   Der Vereinigten Staaten Calender
022 Unser Kalender
023 Allgemeiner Welt-Calender für den Bauern und Handwerker
024 Turner und Fischer's Deutscher Bilder Kalender
025 Stadt= und Land= Calender
026 Rademacher & Sheek's Deutscher illustrirter Calender
027 Der Pennsylvanische Nüchternheits Calender

b. Weitere deutschsprachige Titel /

N.N. Abendschule-Kalender / St. Louis *1896*

N.N. Amerikanischer Schweizer Kalender / New York *1893*

N.N. Christlicher Familien Kalender / Cleveland *1907*

N.N. Der Deutsche in Amerika / New York *1908 [17, 25, 49]*

- Der Farmer=Kalender, Philadelphia *1898*

N.N. Der Historische Volks Kalender / Detroit *1919*

N.N. Der hinkende Bote [am Mississippi] / St. Louis *1910*

N.N. Der Illustrirte Cincinnatier hinkende Bote / Cincinnati *1889*

N.N. Der Neue Americanische / Calender, *1976*

N.N. Deutsch=Ungarischer Familien Kalender / Winona *1948*

N.N. Familien=Calender / Elkhart 1874

- Familien Kalender / Elkhart 1877

N.N. Familien Kalender / Cincinnati *1911*

German Herold Almanac *vgl.* Der Deutsche in Amerika

N.N. Illustrirter Familien Kalender / Evansville *1898*

N.N. Milwaukee America Kalender / Milwaukee, *1925*

N.N. Pionier. Illustrirter Volks=Kalender / New York *1918*

N.N. S. Zickel's Illustrirter Deutsch=Amerikanischer Familien=Kalender / New York *1894 [96, 1900]*

N.N. Volks-Kalender / Philadelphia *1861*

N.N. Volks=Kalender der COOPER Feuer=Versicherungs=Gesellschaft / Dayton *1909*

c. Englischsprachige Titel / *English titles*

- Family Almanac / Elkhardt, Ind. *1899* u.ö.
- J. Gruber's Hagers-Town Town and Country Almanack / Hagerstown *1866* u.ö.
- The Reading Eagle Almanac / Reading: *1896ff*.
- Uncle Sam's Almanac / Phildelphia *1884*
- United States Almanac[k] / Philadelphia *1838*

d. Englischsprachige Titel *ohne* Autopsie (s.o.) / *English-language titles (*without *autopsy, see above)*

- August Flower and German Syrup Almanac, *1889*
- Farmers' Almanac, *1998*
- Dr. Harter's Almanac, *1889*
- Farmer's Almanac – National Series of Almanacs, *1876*
- Farmer's Almanac, *1898*
- Farmers, Planters & Mechanics Almanac, *1881*
- Fisher's Improved House-Keepers Almanac and Family Receipt Book, *1856, 69*
- Hostetter's illustrerte Forenede Staters Almanak, *1879*
- Keystone Agricultural Almanac, *1841*
- Mariners Almanac, *1877*
- Pennsylvania Temperance Almanac, *1837*
- T. C. Robertson's Hagerstown Almanac, *1888*
- The Frederick Almanac, *1906*
- The Pennsylvania Town and Country-Man's Almanack, *1759*
- Union Almanac, *1852*

Impressum   Copyright: Andreas Graf, Kölle
Umschlagbilder: N.N.1889; N.N.1910; N.N.1896
Fotos: Andreas Graf
Druckvorbereitung u. Umschlaggestaltung:
  sedruck, Köln
Satz & Layout: *editio calendario coloniae*
Verlag: BoD · Books on Demand GmbH,
In de Tarpen 42, 22848 Norderstedt,
bod@bod.de
Druck: Libri Plureos GmbH,
Friedensallee 273, 22763 Hamburg
ISBN: 978-3-7693-4945-0

Dieses Tagebuch beruht inhaltlich auf meinen persönlichen Erlebnissen.

Inhalt

Vorwort

Das Tagebuch wurde von mir aus sehr aktuellen Gründen gefertigt. Diese Krankheit kam mit ungebremster
Kraft auf meinen Körper zu. Bis zur Einlieferung in
das Krankenhaus war ich der Überzeugung, dass ge-
wisse auftretende Nebenfolgen bereits die Auslöser
zum Sterben waren. Schmerzen waren nicht vorhanden. Umso tragischer die Mitteilung der Ärzte bei der
Erstvisite, dass ich ohne Chemo sofort sterben müsse
und mit der Chemo die Nacht nicht überleben würde.
Ich entschied mich dennoch für die Chemo …

Der Mensch Udo

Als die erste Kinoausgabe von »Batman hält die Welt in Atem« lief, hatte meine Mutter die Aufgabe, ihre Drittausgabe, einen Zehnpfünder, zur Welt zu bringen. Die Vergrößerung der Familie endete sodann im Frühling 1966. Die Hausgeburt der sehr jungen, 155 Zentimeter großen Frau wurde im Beisein der Hebamme durchgeführt. Ob bei meiner Ankunft alle Freude zeigten, weiß ich nicht. Auf den noch vorhandenen Schwarz-Weiß-Fotos sieht man immer ein sehr dickes Baby in selbstgestrickten Sachen. Eine gute Ernährung muss vorgelegen haben. Bis zur Einschulung entwickelte ich mich zu einem sehr dünnen, blond gelockten Knaben, der ständig bei den Klassenfotos seinen Kopf auf die Arme stützte. Aus der Erinnerung weiß ich, dass ich die Schule liebte. Hauptgründe dafür waren die Milchpausen und das Busfahren.

Meine Mutter verlor unseren Vater 1974. Mit 46 Jahren verstarb er wohl an den Spätfolgen seiner Kriegsverletzung. Für uns drei Jungen war sein Tod unvorstellbar. Irgendwann erzählte uns unsere Mutter, dass Vater in den Nächten zuvor schnarchte. An seinem Todestag war dann irgendwann Stille und davon wachte unsere Mutter auf. Daraufhin rannte sie in unser Zimmer und machte uns drei Jungen wach. Wir umarmten uns und weinten.

Die schulischen Laufbahnen verliefen ohne Komplikationen. Ich hatte das Glück, immer wieder etwas Neues anfangen zu können und so erreichte ich in vier verschiedenen Berufen Abschlüsse. Als Verwaltungsbeamter war ich dann 30 Jahre tätig.

Mein Körper gibt auf und ich erkenne die Symptome nicht

> *»Ich lebe mit Leidenschaft und bin ein Mann von kräftiger Natur. Spüre ich keine Schmerzen, kenne ich nur Unsterblichkeit und die Liebe des Lebens wie meinen Egoismus mit manchmal oberflächlichen Zügen.«*

Was mir dann im März 2015 passierte, war tatsächlich ein unerwarteter K.O.-Schlag. Mein Leben war bis dahin geprägt von viel Arbeit und gierigem Geldverdienen, um Urlaube mit meinen Kindern und der damaligen Ehefrau zu erleben. Kurz nach meinem 49. Geburtstag nahm ich meinen Dienst als Verwaltungsbeamter in der Bauverwaltung einer schönen Stadt am Bodensee auf.

Kaum dass ich auf meinem »Schleudersitz« saß, stachen heftige Schmerzen in der rechten Brusthälfte und im Rücken zur gleichen Zeit. Dazu kamen dann noch unbekannte Schmerzen vom Steißbein, sodass ich nicht wusste, wie ich noch relativ bequem sitzen könnte, um mich irgendwie bis zum normalen Feierabend retten zu können. Nach vielleicht drei Stunden meiner Arbeitsversuche mit wenig Konzentration am Monitor meines Rechners ging dann gar nichts mehr. Solche Schmerzen waren mir bis dahin unbekannt. Ich rätselte, sah noch in Dr. Google nach und stellte schnell fest, dass ich so zu keinem Ergebnis kommen würde. Bei der Abmeldung bei meinem Dienstvorgesetzten, Herrn Abteilungsleiter, zeigte dieser sofort sein Mitgefühl und meldete mich krank.

Ich ging nach Hause und versuchte, mit einem heißen Bad und Hoffnung meine Schmerzen zu lindern. Tatsächlich trat in der schönen heißgefüllten Badewanne Linderung ein. Danach ging es eingehüllt auf das Sofa, doch wenige Minuten später hatte ich wieder diese heftigen Schmerzattacken. Das hielt ich noch bis um 22.00 Uhr am Abend aus. Dann blieb mir nur noch der Weg zur Notaufnahme ins Krankenhaus Asklepios Lindau als letzte Maßnahme. Bei meinem Notruf wurde ich wegen Fahrtüchtigkeit gebeten, doch selber zu kommen, weil derzeit wohl alle Rettungswagen unterwegs seien. Ich traute mir die Eigenfahrt zur Notaufnahme zu – es waren schließlich nicht mehr als drei Kilometer.

Relativ schnell wurde ich von der Notärztin stationär aufgenommen und auf Blinddarmentzündung untersucht. Das große Blutbild zeigte jedoch schnell etwas Unerwartetes: Sämtliche Leberwerte waren weit über die gesunden Grenzwerte gestiegen. Mir sagte das nichts, aber die Notärztin orderte gleich ein Bett für mich an. Die gespritzten Schmerzmittel wirkten sofort.

»In meinem Kopf drehte es sich wie in einem Karussell gefüllt mit schrecklichsten Begriffen. Die Rückenschmerzen waren weg, aber mein Hirn spielte unschöne zukunftsgeprägte Visionen. Wie schnell man aus dem ach so heilvollen Leben geschmissen werden sollte, wurde für mich nun aktuell und ein Lebensmittelpunkt!«

Am nächsten Morgen wurden bereits bei der Arztvisite durch meinen Chefarzt Dr. Linhart Untersuchungen angeordnet und durchgeführt: Sonografie und MRT. Bei den Ergebnissen zeigte sich meine linke Leberhälfte in einem besonders ungleichmäßigen und unruhigen Zustand. Des Weiteren wurde die Pfortader verstopft vorgefunden. Ein Thrombus hatte sich darin breitgemacht. Nach einer Woche Aufenthalt im Krankenhaus Lindau und vielen Tests teilte mir der Chefarzt mit, dass am nächsten Tag der Transport in das Universitätsklinikum Ulm geplant sei.

»Ich, der sonst so rational in Gedanken lebte unter dem Motto »Raue Schale, weicher Kern« verlor langsam diese Lebenseinstellung. Es drehte sich jetzt immer um den unbekannten, nicht gewünschten Mitinhaber meiner Leber. Ein Körpermitbewohner, der so gar nicht in mich hinein-

gehörte, verfolgte mich nun. Keiner konnte mir jedoch bisher bestätigen, wer er war und ob der Name bekannt werde. Seinen Gegner nicht zu kennen, löst unglaubliche Emotionen aus.«

Universitätsklinikum Ulm

Transport zum Universitätsklinikum Ulm und stationärer Aufenthalt in der Inneren Abteilung: Zuerst einmal war ich bei meinem Bettbezug über den Zimmernachbarn erschrocken. An seinem Körper hingen überall Leitungen und er trug eine Sauerstoffmaske. Es blubberte aus kleinen Behältern. Als sein Besuch kam, wurde er ungewöhnlich beschenkt. Anstelle von üblichem Obst bekam er eine ganze Stange Zigaretten. Mir verschlug es die Sprache. Ich ahnte dabei schon, dies würde eine erste anstrengende Nacht, ganz sicher mehr für mich als für ihn, der schon so aus allen Rohren hustete und schleimte. Ich war für die Ligaturen der Speiseröhre, Kontrastmittel-Sonografie und Leberpunktion eingeplant. Na ja, hörte sich schon ergreifend an, aber ohne Diagnose wollte ich auch nicht nach Hause. Soviel wusste ich, dass eine Behandlung nur bei einer garantierten Diagnose erfolgen konnte.

Als die quälende Nacht mit sehr wenig Schlaf zu Ende war, folgte schon gegen 07.00 Uhr die Vital-Überprüfung der Schwestern und Pfleger. Etwas später kam dann die Stationsärztin, nahm meine Daten auf und wir klärten den bevorstehenden Tagesablauf. So wurde ich dann recht flott auf dem Bett zur Ligatur gefahren – meine erste Ligatur. Mit kurzer Betäubung versetzte mich der behandelnde Arzt in einen angenehmen Schlaf. Das war neu und angenehm für mich. Schmerzlos bemerkte ich beim Aufwachen nach vielleicht 20 Minuten gerade noch das Entfernen des sehr langen Schlauches. Ich erhielt sofort die Diagnose in Schriftform mit Bildauszügen in Farbe für meine Unterlagen. Zu erkennen war, dass zwei Krampfadern in der Speiseröhre mit kleinen Gummis abgedrückt und entfernt wurden. Mein Magen selbst war mit wenigen roten Punkten besetzt. Gott sei Dank hatte ich keine Schmerzen. Etwas später wurde ein Ultraschall mit Kontrastmitteln durchgeführt. Hier wurde das ganze Ausmaß der Tumorbildung sichtbar.

Am nächsten Tag folgte dann meine erste Leberpunktion. Der durchführende Professor, ein lustiger und angstnehmender Arzt, erklärte jeden Schritt. So dauerte der Eingriff gefühlte 15 Minuten. Zwei Leberproben wurden mit der Harpune von verschiedenen Stellen meiner Leber genommen. Nach zwei Wochen und weiteren Leberproben konnte jedoch noch keine Diagnose gestellt werden, da diese Leberproben aus gesundem Material bestanden. Ich bekam auf meinem Zimmer für einen Tag einen Druckverband mit Sandsack an der Stelle der Leberpunktion. Als die Untersuchungen ohne Komplikationen endeten, wurde ich ohne weitere Diagnose entlassen.

Ich fühlte mich nunmehr sehr verunsichert, wie ein kleiner Welpe, der sich nach schneller Hilfe und Heilung sehnt. Ich ahnte, dass sich etwas Ungutes entwickelte, mir aber bisher die sehr guten Fachärzte keine Diagnose stellen konnten. Der ungeduldige 100-Kilo-gramm-Welpe wurde immer mehr in die Psychorolle gepresst, täglich an dieses Problem zu denken. Ich nervte mich. Nebenkriegsschauplätze bildeten sich in meinem sonst so geordneten Leben. 2015 wurde ein Jahr vieler Probleme für mich. Die Ehe sollte zer-brechen, hinzu kamen Druck im Job und viele Arzt-untersuchungen bei meinem sehr guten Hausarzt, in der Asklepios Klinik Lindau und im Universitätskli-nikum Ulm. Bis zur eindeutigen Diagnosestellung musste ich dennoch bis Januar 2016 warten.

»Ich sehe dennoch jeden Morgen die Sonne im Osten steigen. Meine Euphorie wird bleiben. Die Ängste zu besiegen, wird mein größtes Ziel. Die Leichtigkeit fällt schwerer, aber mein Lächeln wird dem entgegenstehen.«

So verging das Jahr 2015 mit vielen Untersuchungen doch ohne Diagnosestellung.

Diagnose und erste Therapie 2016

Mitte Januar 2016 erhielt ich einen neuen Termin für die zweite Leberpunktion. Auf der einen Seite freute ich mich und war voller Hoffnung auf eine folgende gute Therapie, aber ich ahnte dabei auch, dass es sich wohl um einen Tumor handeln könnte. Die Punktion wurde in Ulm durchgeführt und zwei Wochen später teilte mir Herr Prof. Dr. Seufferlein, Direktor und Leiter der Inneren Abteilung, mit: »Herr Quentmeier, eine gute und eine schlechte Nachricht!« Ich hörte mir zuerst die gute an. »Sie können mit viel Glück noch viele Jahre ohne größere Probleme leben.« Allerdings, so die schlechte Nachricht, handelte es sich nun mit endgültiger Sicherheit um einen neuro-endokrinen Tumor, welcher wohl leider als unheilbar galt. »Sie müssen« daher sämtliche Kontrollen einhalten«, fuhr er fort. »Die Medizin hat bereits verschiedene gute Therapien gegen diesen Krebs.«

Ich, der sonst sehr kommunikativ war, konnte keinen Satz mehr zu Ende bringen. Ich dachte mir nur: »Jetzt beginnt eine gewaltige Lebensumstellung. Scheibenkleister!« Wir verabschiedeten uns. Keine vier Wochen dauerte es, bis ich vom Universitätsklinikum die Mitteilung über meine erste Lutetium-177-Behandlung in der Nuklear-Abteilung bekam. Ohne Komplikationen würde die Behandlung drei Tage dauern. Mein Hausarzt Dr. Mellinghoff und der Chefarzt der

Inneren Abteilung im Asklepios Krankenhaus Lindau, Dr. Linhart, nahmen neue Untersuchungen zur Vorbereitung auf die bevorstehende Therapie vor.

Therapie April 2016:
Universitätsklinikum Ulm,
Nuklear-Abteilung

Um 08.00 Uhr morgens checkte ich in die Nuklear-Abteilung des Universitätsklinikums Ulm ein. Gleich die erste erschreckende Überraschung folgte auf mich. Es kam ein Pfleger, stellte das Bett und teilte mir mit, mir nun einen Blasen-Katheter legen zu müssen. »Oh mein Gott!«, vermerkte ich. »Ich hatte so etwas noch nie!« Der Pfleger versuchte, mich zu beruhigen. Meine Schweißperlen liefen angstvoll von der Stirn. Ich sah, wie er den ewig langen Schlauch mit einer Stärke von 16 Millimetern auspackte und dann schon anfing, diesen in meine Harnröhre einzuführen. »Halleluja«, ertönte ich. »Das ist unangenehm.« Er sagte dann: »Ja sorry, geht nicht anders, aber er ist jetzt fest!« »Überlebt«, dachte ich nur. Allein die Blase weigerte sich noch und versuchte immer, den ständigen Urinfluss abzudrücken. Das war ebenfalls mit leichten Krämpfen verbunden und unangenehm. Ich wünschte mir, da einfachheitshalber mal eine Frau sein zu können. Ich stellte mir diese Abläufe bei dem weiblichen Geschlecht einfacher vor.

Gut vorbereitet ging es dann auch in den Operationssaal. Das Prozedere der direkten Infusion des radioaktiven Mittels Lutetium-177 dauerte circa zwei Stunden. Die Oberschenkelvene wurde geöffnet und ein sehr dünner Katheter eingelegt und bis zur Leber eingeführt. Ich konnte jeden Vorgang auf einem Bildschirm bei vollem Bewusstsein mitverfolgen – alles schön ohne Schmerzen. Es waren zwei nette Pflegerinnen dabei, die mich immer wieder ansprachen. Der Oberarzt wirkte sehr konzentriert und erläuterte jeden seiner Schritte. Ich kam mir gar nicht so sehr als Patient, sondern eher als Fahrgast der Deutschen Bahn vor. Nur mit den Stationen war ich überhaupt nicht vertraut. Im Übrigen fühlte ich mich wie in einem Kühlraum – völlig nackt – und vibrierte wie ein läutendes Smartphone. Als der Katheter das Ziel an der Leber erreichte, setzte die Schwester die radioaktive Infusion. 50 Minuten lang lag ich dort bis zur Leerung der Infusion. Das Team kam dann zurück und der Oberarzt entfernte behutsam den Katheter und schloss die Oberschenkelvene. Es verlief alles ohne Komplikationen.

Zurück auf meinem Zimmer lag ich nun gesondert hinter einer Blei-Betonwand. Der Oberarzt und die Pfleger kamen in Bleischurz mit Geigerzähler und maßen die Radioaktivität. Sie erklärten mir, dass die Bestrahlung eine derzeitige Entlassung noch nicht berechtigen würde. Telefonieren und WhatsAppen war nicht möglich. Mal ganz ohne Kontakt zur Außenwelt zu sein, war mehr als interessant. Lesematerial war meine Unterhaltung. Zwischenzeitlich wurde auch mein Blasenkatheter entfernt – Befreiung angesagt. Die folgenden Urinstrahlen brannten dann als Erinnerung. Das legte sich aber bis zur Entlassung.

Einen Tag nach der Operation ging es zur Computer-Tomographie. Bei der Entlassung am vierten Tag bekam ich in dem Kurzgespräch mit dem leitenden Oberarzt das Bildmaterial mit Arztbericht ausgehändigt. Es wurde bestätigt, dass noch drei weitere Therapien im Quartal durchgeführt werden müssten. In der Planung waren die Therapien bis Dezember, kurz vor Weihnachtsbeginn, eingeplant. Die Verfahren wurden dann auch termingerecht eingehalten. Ich war happy und natürlich optimistisch mit meiner noch bestehenden Naivität. Bis auf die jeweiligen Blasenkatheter gab es keine weiteren. Zwischen den Quartalen nahm ich an Lindauer Untersuchungsterminen teil. Hierbei wurden Darm-, Speiseröhren- und Magenspiegelungen und hausärztliche Blutabnahmen durchgeführt. Meine Lindauer Ärzte füllten die Zeit dazwischen.

Mein Dienstherr zeigte großes Verständnis für meine fehlende Dienstzeit, die ich aber dann mit längeren Arbeitszeiten versuchte abzutragen. Innerlich brach meine Psyche zusammen. Ich redete mir ein, alles ohne Hilfe schaffen zu können. Es gab allerdings schon lange nicht mehr meine harte Schale und diesen weichen Kern. Während meiner Dienstzeit schloss ich mich kurz in meinem Büro ein. Ich brach dabei mächtig in Tränen aus. Hierbei stand an einem Tag mein guter Personalrat an der Tür, bekam das mit und bat mich, ihn herein zu lassen. Ich öffnete die Türe und er umarmte mich. Ich öffnete mich und erzählte. Er war total geschockt, weil er mich seit über 15 Jahren ganz anders kannte. Unvergesslich diese Situation – er war für mich die erste Vertrauensperson.

Mittlerweile befand ich mich zusätzlich auf zwei weiteren Nebenkriegsschauplätzen. Die Ehe sollte auseinandergehen und beruflich kam die Zulassung zur 1,5-jährigen Schulung zum Inspektor. Die Investition durch den Stadtrat wurde beschlossen.

»Den inneren Frieden zu erwarten, wird nun schwer. Mein Kopf ist leer. Das Herz blutet, besonders in der Nacht. Oft bin ich aus dem Schlafe erwacht. Hörte Stimmen, die mich riefen. Tränenüberflutet stand ich auf. Vor dem Fenster sah ich dann zum Vollmond 'rauf. Hilf mir bitte! Wie gerne wäre ich dieser Nachtfalter, weg in die Natur und von mir keine Spur!«

Aufenthalt in einer psychosomatischen Klinik in Bad Tölz

Im Sommer 2016 passte mit Zustimmung des Dienstherrn, der Beihilfe und dem amtsärztlichen Attest gerade noch ein vier-wöchiger Aufenthalt in einer psychosomatischen Klinik in Bad Tölz. Diese Maßnahme verbesserte meinen seelischen Zustand ungemein. Viele Gleichgesinnte waren wir. Interessant waren die Gespräche und sehr schönen Anwendungen. Rundum eine sehr gute, ansprechende Möglichkeit, wieder beide Beine auf den Boden zu bekommen. An den Nachmittagen war immer freie Zeitgestaltung. Mich zog es zum Wandern in die Berge. So bildeten sich dann auch die Interessengruppen. Der Geist meiner Seele befreite sich und der Schlaf war gut, ich wollte nun kein Falter mehr sein.

Nachkriegsschauplatz 2016

Im Oktober 2016 fand meine Trennung aus der »heiligen Ehe« statt. Mein Sohn hatte sich klar ein Zusammenleben mit mir gewünscht. Die Tochter freute sich auf ihre Mutter. Es sah zu diesem Zeitpunkt alles sehr vernünftig aus. Ich hoffte dabei, dass es die Gegenseite auch für die Zukunft so meinte. Das Leben zeigte dann 2017 recht schnell den aufflammenden Krieg auf. Nichts kam so, wie meine Naivität, Hoffnung und mein Optimismus sich das wünschten. Damit mir für viele Jahre meiner Zukunft keine Langeweile entstehen sollte, kamen zwei weitere Nachkriegsschauplätze hinzu. Was mir tatsächlich bisher half, alles im möglichen Rahmen abzuwickeln, waren meine Naivität, meine Oberflächlichkeit und mein schwarzer Humor. Der Wille zum Leben ist dabei wohl bisher die tiefverwurzeltste Eigenschaft: »Die Sonne steigt jeden Morgen auf, ich folge ihr!«

Mein Sohn und ich lebten frei in einer Zwei-Zimmer-Dachgeschosswohnung und kamen schnell ohne weibliche Hilfe aus. Für mich linderte es erst einmal das Fehlen des altgewohnten Lebens. Mein Sohn genoss sicherlich seine Freiheiten. Als Jungführerscheininhaber hatte er zudem nun bei mir die Möglichkeit, meine kleine Kutsche, ursprünglich Flocky genannt, zu fahren. Das klappte sehr gut, sodass wir beide für 2017 eine Männertour für sechs Wochen mit Flocky planten. Mein Herz brannte dafür, mit meinem Sohn diese wunderschöne geplante Tour zum Nordkap – über den Osten hoch und durch den Westen zurück in einem 8.000-Kilometer-Kreis– zu befahren. Soviel kann ich sagen, es war 2017 das Highlight meines Lebens und unvergesslich. Ohne technische Probleme fuhr mein Sohn durch die vielen Länder – schadenfrei und bußgeldfrei.

Mein erstes Weihnachten 2016
komplett allein

Hier denke ich noch immer an das Lied »Allein Allein« von Polarkreis 18, welches ich zu der Zeit immer wieder hörte. Ich stellte mir meinen Weihnachtskranz auf den Tisch und bereitete mir ein wunderbares Rinderfilet zu, mit Alu-Kartoffel und grünen Bohnen, gewürzt nur mit Salz und geschrotetem Pfeffer. Dieses Steak war der Hammer und natürlich durfte mein Radler nicht fehlen. Lecker! Die Weihnachtslaible waren ein Geschenk meines Vermieters – er hatte ja die Bäckerei, über der ich als Mieter wohnte. Es war dort eine schöne Zeit.

Meine Silvester Party – Willkommen 2017

An Silvester 2016/2017 gönnte ich mir einfach nur ein Brathähnchen mit Kartoffelsalat. Dazu natürlich mein Radler und gute Musik. Meine Einzelfeier endete dann gut gefüllt und leicht angetrunken kurz nach 01.00 Uhr. 2017, ich lebe!

Für mich gab es soweit keine neuen Vorsätze. Ich wusste, dass die ärztlichen Untersuchungen mein Hauptthema bleiben würden. Ich hörte aber auf, mich ständig bei Google mit der Erkrankung zu befassen. Ich konnte und ich wollte nichts mehr über statistische Todesraten lesen. In meinem Bekannten- und Kollegenkreis waren Gespräche über meine Krankheit ein Tabu. Durch meinen Sohn wurde ich mit dem Wunsch und der Aussicht auf die mögliche schöne Reise abgelenkt. Er kam auf die Idee, mit meinem Kleinwagen Flocky die besagte Nordkaptour zu planen. Trotz sehr vieler eintreffender ungünstiger Umstände hielt ich nunmehr an diesem Abenteuer mit meinem Sohn fest. Meine Devise war nun: »Nur nicht aufgeben, irgendwie werden wir zwei die Tour schaffen.«

Unter dem Motto »No risk no fun!« konnte dann im Sommer 2017 die 8.000 Kilometer lange Tour voller Spannung und unvergesslicher Erlebnisse unternommen werden. Hierbei vergaß ich meine Ängste über die Krankheit, die kaputte Ehe und den fordernden Job. Zu den Quartalen war ich wieder bei meinen Ärzten und durchlief sämtliche Untersuchungen. Grundsätzlich empfand ich diese Kontrolluntersuchungen immer als beruhigende Sicherheit, da größere Veränderungen meiner Lebererkrankung nicht festgestellt wurden. Schmerzen hatte ich nie zu verzeichnen.

Zum Ende des Jahres lernte ich kurzfristig eine Frau kennen. Sie war für drei Monate eine willkommene Abwechslung gegenüber unserer Männerwohngemeinschaft. Am Anfang fielen wir wie Vielfraße übereinander her. Was an Silvester 2017/2018 dann zum absoluten Höhepunkt führte, endete bereits Mitte Januar 2018. Nie werde ich ihren Ausspruch beim Abschied vergessen: »Als Prinzessin habe ich doch höhere Ansprüche! Sei mir nicht böse, diese scheinen für dich unerfüllbar zu sein!« Ich fand den Abgang ganz witzig. So kam ich schnell über dieses Ende hinweg.

Neues Jahr, neues Glück 2018

Eine neue Reise stand bereits im Februar 2018 bevor. Diese war ursprünglich mit meiner Prinzessin geplant gewesen. Mein Ziel war es, die Wochentour nach Manhattan dennoch auf alle Fälle durchzuziehen. Nur so allein wünschte ich mir das nicht. Nachdem ich zuerst viele nette Bekannte gefragt hatte, kam ich dann auf meinen ältesten Sohn. Meinen 30-jährigen Sohn, den ich viele Jahre nicht kontaktiert hatte, rief ich an und teilte ihm meine Absicht mit, mit ihm nach New York zu fliegen. Er müsste sich allerdings umgehend für die Umbuchungsmaßnahmen entscheiden.

Nach zwei Tagen teilte er mir mit, dass er sich auf diese Tour mit mir freue. Was für eine Freude! So ging es dann Mitte Februar 2018 mit der Bahn vom schönen Allgäu bis nach München und ab in den 09.00 Uhr Flieger nach New York. Wir wurden mit sehr vielen Eindrücken und unglaublichen menschlichen Kontakten sowie kulturellen und kulinarischen Erlebnissen belohnt. New York, die Stadt, die niemals schläft.

Vom frühlingshaften New York ging es zurück in das verschneite Allgäu. Mein Sohn und ich verabschiedeten uns mit schönsten gemeinsamen Erinnerungen. Stark übermüdet fuhr ich dann zu meiner Wohnung am Bodensee. Der Alltag hatte mich wieder. Meine vielen Unternehmungen halfen mir, meine zahlreichen Ängste und Sorgen erfolgreich zu verdrängen. In meinen Wünschen hatte ich nur noch Fluchtträume und wollte woanders neu starten. Leider sollte es mir nie wirklich gelingen. Wie alles im Leben holt einen auch das Schlechte immer wieder ein.

Beruflich hatte ich sehr viele Seminare belegt. Ich wollte zwar den Aufstieg, aber innerlich kamen auch dort immer wieder Zweifel auf. Es stand ja noch der Prüfungsdruck bevor. Zwischendrin folgten dann noch die notwendigen medizinischen Untersuchungen. Bei diesen Terminen hatte ich sofort wieder meine Zweifel. Ich stellte mir Angstfragen. »Wie lange kann ich das noch mit mir ausmachen?« Ich lebte bereits in meiner Parallelwelt. Viele Bekannte sahen nur mein Äußeres: Einen freundlichen, lustigen und gutgelaunten Menschen. Meine eigentlichen Zusammenbrüche folgten dann in den Nächten. Obwohl mein Sohn und ich zusammenlebten, bekam er nicht viel von meiner Traurigkeit mit. Ich dachte mir, dass professionelle Hilfe bei mir nicht anschlagen würde. Ich hatte bis dahin aber auch nicht den Mut, mich zu öffnen um reinen Wein einzuschenken.

Die Liebe zu einer attraktiven Frau

Überraschend lernte ich Anfang Februar eine kleine, gutaussehende asiatische Frau kennen. Sie lebte mit ihren Kindern bereits seit 20 Jahren im Allgäu. Sie war so völlig anders als meine zwei vorherigen Frauen. Sie hatte tatsächlich den Mut, meiner Einladung zu folgen. Natürlich wartete ich überpünktlich am ausgemachten Treffpunkt. Mit jeder Minute des Wartens stellte sich mehr positive Aufregung bei mir ein. Als Präsent hatte ich an sehr gute Schokolade gedacht. Blumensträuße, ohne jemanden zu kennen, waren nicht mein Ding. Wenig später sah ich meine kleine Herzdame schon von weitem mit lachendem Gesicht um die Ecke flitzen. Nach eine kleinen Umarmung fand ich den Mut, ihr meine Freude zu zeigen und überreichte die Schokolade. Mein Ganzkörperblick verstärkte das Gefühl, hier einen sehr attraktiven, zierlichen und mit schöner Taille gebauten Menschen kennenzulernen. Ihr Gesicht war gleichmäßig geformt. Mit ihren Augen, dunkelbraun, sagte sie alles ohne viel zu reden. Die 30 Zentimeter Größenunterschied ließen uns beide mit viel Humor kalt. Ich betrachtete immer wieder ihre schönen roten Stiefelchen in Größe 36, welche neben meinen U-Boot-Schuhen, Größe 46, gingen. Weil sie wenig redete, übernahm ich das Kommando. Meine Aufregung bei dem Spaziergang blieb nicht ohne kurze Frage an mich: »Warum redest du so viel?« Bis zum sehr schönen Residenz-Café waren es noch 400 Meter. Ich verstummte und antwortete kurz darauf, dass ich etwas aufgeregt sei. Im Café angekommen fühlte ich mich beruhigt und sicher. Nun kam auch sie ins Gespräch. Ihr östlich klingender Sprachenslang begeisterte mich noch mehr und bestärkte in mir den Gedanken, diese Frau unbedingt näher kennenlernen zu wollen. Für zweieinhalb Jahre sollte dies nun der Fall sein. Eine erfüllte, wunderschöne gemeinsame Zeit nahm ihren Lauf.

Ostern April 2018 – Besuch in Kuusamo, Lappland in Finnland

So wie es im Westen nichts Neues gab, hatten meine medizinischen Untersuchungen ebenfalls keine schlechten, aber auch keine guten Ergebnisse aufgezeigt. Ich war zwar immer wieder beruhigt, muss aber eingestehen, meine Gedanken kreisten wie ein eingeschlossener Vogel umher.

»Ich will ein Vogel sein! Es zieht mich nur noch weg von daheim.

In der Fremde fühl' ich mich wohl. Dort zu sein, wo mein Glück wartet.

Vielleicht auch nicht allein? Bist du es, mein kleiner Sonnenschein?

Ich will leben, lieben und geliebt werden. Die Ablenkung ist schön,

jedoch nicht meine Realität. Meine Seele hat nur für diese Momente die Ruhe.

Sie geht durch das Feuer und leidet. Bis das mein Leben scheidet.«

Meine neue Herzdame nahm mein Angebot an, im April 2018 mit mir nach Finnland zu fliegen. Für unsere Kennenlernphase eine gute Chance, sich zu beschnuppern. Ihr Mut sollte mit Vorfreude auf das bevorstehende Ereignis belohnt werden. So ging es dann bei schönstem Frühlingswetter von München nach Helsinki. Dort verblieben wir drei Nächte. Es war dort bedeutend kühler, aber sonnig. Wir hatten mächtig Spaß, waren in verschiedenen Pubs und wurden von den Einheimischen nett angesprochen und auch eingeladen. An den Nachmittagen sahen wir uns die schöne, weiträumig gebaute Stadt an. Besonders bleibt der Besuch in einer der orthodoxen Kirchen in Erinnerung. Wunderschöne Klänge von diesen Gesängen waren wie Wein für die Seele – nicht vergleichbar mit unseren christlichen Ritualen.

Nach drei Tagen flogen wir von Helsinki nach Kuusamo. Dort wurden wir von meiner Mutter und ihrem Lebensgefährten herzlich empfangen. Oh mein Gott, das Willkommen wurde kräftig mit Getränken gefeiert. Die Ankunft und das Kennenlernen wurden zu einem Volltreffer. Wir liefen unsere Runden in den tiefverschneiten Gebieten um die Seen in Kuusamo. Die Seen waren alle zugefroren. Die Kinder fuhren darauf Schlitten oder vollführten ihren Eiskunstlauf. In die Gärten meiner Mutter und ihrer Nachbarn kamen sogar die freilaufenden Rentiere – Natur direkt vor der Haustür. Die Sonne zeigte sich schon mindestens drei Stunden länger als bei uns im Allgäu. Aller

Abschied viel schwer und es ging mit FinAir zurück nach Helsinki. Aufenthalt in Helsinki war noch ein Tag. Wir relaxten im Hotel und checkten tags darauf im Airport Helsinki zum Heimflug nach München ein.

Euphorisch wie ich nun einmal bin, verliebte ich mich sofort in sie. Daraus machte ich auch keinen Hehl und sagte es ihr. Ein mögliches Zusammenziehen wurde von uns beiden klar verneint. Meine Gedanken spielten immer mit einer gutlaufenden Wochenendbeziehung. Zu viele Baustellen musste ich erledigen. Des Weiteren kam ja auch noch meine unheilbare Krankheit hinzu, die ich einfach nicht mit ihr teilen wollte.

Mit dieser Art unserer Freundschaft und meiner Liebe
konnte ich sehr gut umgehen. Sie selbst war sich nie
wirklich sicher mit mir und äußerte Zweifel gegenüber unserer Fernbeziehung. Daher fiel nie so hörbar
mal dieser zuckersüße Satz »Ich liebe dich auch«. Ich
teilte ihr daraufhin mit, das wäre in Ordnung, denn
jeder liebt anders. Wir beschenkten uns gegenseitig
mit unseren gemeinsamen Wochenenden. Viele Wochenenden entdeckten wir uns neu mit Ausflügen sowie dem Höhepunkt auf der Leipziger Buchmesse und
dem Besuch des Stückes »Carmen« auf der Bregenzer
Seebühne. Wir erlebten dieses Spektakel bei schöns-
ter Dämmerung mit 5.000 begeisterten Zuschauern
und den einmaligen Kulissen.

Wie ein kleiner Vogel schwirrte ich mit Freiheitsgefühlen über die glücklichen Menschen hinweg. Diese unglaublichen Klänge und die Farbenvielfalt, die Dämmerung mit dem Sonnenrand, glutrot hinter den Berggipfeln scheinend, öffneten meine kleinen Flügel. Auch meine anderen Fluggenossen versammelten sich. Diese Musik und die Darsteller lösten zwei Stunden Gänsehaut, Tränen und Freiheit aus. Auch meine Freundin, mit spanischem Kleid und Fächer, zeigte tiefe Gefühle.

Sommer 2018

Nach vielen beruflichen Seminaren und medizinischen Untersuchungen hatte ich noch vier Wochen Urlaub. Gut geplant kam meine Freundin für fünf Wochen zu mir. Mein Sohn befand sich zu diesem Zeitpunkt auf großer Fahrradtour nach Mallorca. Der Sommer war heiß und somit war täglich der Bodensee angesagt. Kleinere Touren am See ließen die Zeit schnell vergehen. Die Beziehung lief so auf einem schönen Niveau. Silvester 2018/2019 wurde sodann gemeinsam auf einer tollen Party gefeiert.

Prosit Neujahr 2019

Mit meiner ausgeprägten Philosophie »Lebe den Tag« fühlte ich mich auf einer schönen Seite. Die beruflichen Ziele standen nicht mehr an erster Stelle. Dennoch zeigte sich mein Ehrgeiz darin, die Abschlussprüfung für meine höhere Laufbahn zu bestehen. Meine Freundin begleitete mich nach München zum Prüfungsort. Mit Aufregung und abrufbereitem Wissen konnte ich meine drei Prüfer gut überzeugen und erhielt danach das Ergebnis, für die nächste Laufbahn befähigt zu sein. Auf der einen Seite freute ich mich, so zu meinem Dienstherrn zurückzukehren. Die andere Seite war leider dunkel und tief betrübt, weil ich ahnte, dass es in der Praxis nicht dazu kommen würde. Denn es gab mittlerweile eine sehr düstere und wegbereitende Baustelle, die mein berufliches Weiterkommen verhindern würde. Eine andere Behörde konfrontierte mich mit meiner Vergangenheit.

Sehr oft dachte ich nun an diese schicksalhafte Vergangenheit. Um jedoch nicht psychisch aus dem Ruder zu laufen, legte ich an den Wochenenden meinen inneren Schalter auf gewohnte Ablenkung und Unternehmungen mit meiner Freundin. So wurde kurzfristig entschieden, Ende März für drei Wochen eine Busreise durch Portugal mit Start in Porto, bis zum Süden nach Faro und mit Endziel Málaga in Spanien zu buchen.

Wir landeten nach zweistündigem Flug mit Ryan Air in der Nacht in Porto. Unser Appartement, direkt am Douro liegend und sehr gut ausgestattet, überzeugte uns schnell von der getroffenen Wahl. Wir genossen unseren sehr schönen Porto-Aufenthalt völlig frei von belastenden Gedanken. Diese sehr historische Stadt hat unglaublich viele Sehenswürdigkeiten zu bieten. Viele kulinarische Leckereien, die älteste Straßenbahn Nummer eins und Fado begeisterten uns. Nach vier Tagen fuhren wir mit dem Bus nach Lissabon. Was für eine schöne Hauptstadt! Bestückt mit vielen Gassen, der Kulisse im Hafen, Straßenmusik, mit dem Castelo und auf der anderen Seite der Cristo Rei, das Monument, das als Geschenk erbaut wurde, weil Portugal vom zweiten Weltkrieg verschont blieb. Die Besuche all dieser Sehenswürdigkeiten waren ein Muss.

Ein paar Tage später fuhren wir mit dem Bus weiter nach Faro. Die Algarve empfing uns mit deutlich wärmeren Temperaturen. Direkt am Yachthafen war unser kleines Hotel. Hier erlebten wir ein besonderes Fado-Programm. Viele unterschiedliche Fado-Sänger und -Sängerinnen überzeugten mit sehr schönen Stimmen. Das alte Teatro mit drei Emporen war fullhouse. Eine tolle Atmosphäre und ein Abschlussessen mit portugiesischen Menüs rundeten den Abend ab. Auch fuhren wir mit dem Zug 70 Kilometer in Richtung Westen, um dort an einem Badestrand mit Wonne im Atlantik zu baden. Am späten Nachmittag zeigte sich bei mir ein Sonnenbrand. Mit dem letzten

Zug ging es dann zurück nach Faro. Meine Freundin hatte Gott sei Dank eine Kühlsalbe gegen Sonnenbrände. Diese dick aufgetragen, ertrug ich die Nacht. Am nächsten Tag fuhren wir dann mit dem Reisebus nach Málaga.

Mit Zwischenhalt in Sevilla zum Umsteigen setzten wir quer durch Spanien unsere Reise fort. Der Reisebus durchfuhr die gebirgige Landschaft Andalusiens. Unser Ziel Málaga erblickten wir dann am Mittelmeer. Dieses Gefühl von Freiheit durchströmte mich. Doch die Sehnsucht nach der Fremde verbunden mit einem Neuanfang machte mich auch traurig. Traurigkeit über meinen derzeitigen Lebensstatus, in dem es immer nur solche Momentaufnahmen geben konnte … Bei jeder Flucht in das jeweilige Paradies würde ich stets von meinen offenen Baustellen eingeholt werden. Mein größter Wunsch, die Genesung meiner unheilbaren Krankheit, würde unerfüllt bleiben.

Beruhigend war für mich, dass meine Freundin von diesen Vorgängen in meiner Seele nicht so viel ahnte. Ausgleichenderweise stellte ich auch bei ihr fest, dass bestimmte Gedankengänge bei ihr im Verborgenen blieben. Letztendlich schafften wir beide es, in den gemeinsamen Urlauben und an Wochenenden heikle Themen nicht anzusprechen. Zu kostbar erschien unsere Zeit dafür.

Sommer 2019 – große Reise nach Karaganda, Kasachstan

Ich wollte es fast nicht glauben: Sehr kurzfristig zu unserem geplanten Sommerurlaub wünschte sich meine Freundin eine Reise in ihr Geburtsland Kasachstan, nach Karaganda. Spontan bat sie mich um meine Begleitung und die Buchung. Auf der Agenda standen verschiedene Einladungen von ihren dort lebenden Verwandten und das Klassentreffen ihrer Abschlussklasse.

Bis zum gebuchten Abflug von München über Moskau nach Karaganda überstürzten sich täglich meine persönlichen Ereignisse. In meinem Kopf kreiste ein Problem nach dem anderen. Als besonders schwierig erwies sich dabei ein zehn Jahre altes Problem, das mir eine Behörde vorwarf. Um berufliche Probleme und Rechtsstreitigkeiten zu umgehen, plante ich, einer Tätigkeit in einem anderen Berufsfeld nachzugehen. Mit einer treffsicheren Bewerbung sollte ich nach Basel in die Schweiz.

Sodann teilte ich meinem Dienstherrn meine Entlassung mit, welcher sogleich zugestimmt wurde. Bis dahin erahnte niemand die Gründe für meine Entscheidung. Meine Freundin selbst sah mehr den Mut, den ich aufbrachte, ins Ausland zu gehen. Dass mir dabei auch die nötige Offenheit für meine Thematik fehlte, sollte sich im Verlaufe der Zeit rächen. Des Weiteren hatte ich meine medizinischen Untersuchungen und mein Hausarzt riet mir, mich umgehend mit dem Universitätsklinikum Ulm in Verbindung zu setzen. Hierbei ging es um eine neue Therapie. Ich verschob die schweren Maßnahmen und hoffte, nach dieser Reise frei zu werden.

Es war dann so, dass ich meinen inneren Schalter umlegte und mich sehr auf dieses Abenteuer mit meiner Freundin freute. In den drei Wochen, die wir im neuntgrößten Land der Erde verbrachten, wurden alle Verwandten besucht. Zum Teil lebten sie auf Dörfern in der Steppe und in den Städten Karaganda, Nur-Sultan und Almaty. Mit dem gut ausgestatteten Nachtexpress von Nur-Sultan nach Almaty bewältigten wir 1.400 Kilometer. Im Zugrestaurant gab es sehr gutes Essen. In den Abteilen gab es Viererkojen. Alles war sehr sauber und mit Air-Condition ausgestattet. Interessant war der Kontrast zwischen den Städten Almaty und Karaganda und den Dörfern. Es lagen gefühlt 50 Jahre Entwicklung dazwischen. Die Siebentausender Berge an der Grenze zu China in Almaty ließen mich klein wirken. Sie wirkten majestätisch und wurden schon weit vor Almaty gesichtet. Die Gastgeber waren allesamt freundschaftlich gesinnt und deckten immer den Tisch mit reichlich Essen und Getränken. In den drei Wochen Kasachstan nahmen meine Freundin und ich wunderschöne Eindrücke auf. Für sie und ihre Verwandten würde wohl ein Wiedersehen auf diese

Weise nicht mehr stattfinden. Pünktlich flogen wir bei Urlaubsende von Karaganda über Moskau zurück nach München.

Gut zu Hause angekommen verbrachten wir noch gemeinsam das Wochenende. Ich verabschiedete mich dann und sah bei mir am Bodensee nach dem Rechten. Per E-Mail meldete sich mein neuer Arbeitgeber, eine Großbäckerei in Basel, und bat um Vertragsunterzeichnung. In Basel in einer Filiale wurde der Arbeitsvertrag unterzeichnet. Ich war völlig überrascht, dass der Geschäftsführer meiner gewünschten Forderung des Grundgehaltes nachkam. Zudem wurde auch das 13. Gehalt vertraglich gesichert. Als Arbeitsbeginn wurde der 7. August 2019 vereinbart. Ich hatte noch den Plan, meinen Sohn für vier Tage in der Nähe von Danzig zu überraschen. Er war mit seinem Fahrrad auf einer Ost-Tour von circa 5.000 Kilometern unterwegs. Meine Freundin nahm den Kurztrip nach Polen ebenfalls auf sich.

So starteten wir gegen Mitternacht mit dem Auto. Knappe 1.400 Kilometer Strecke lagen vor uns. Das Wetter versprach herrlich zu werden. Wir hofften auf angenehmes Ostseewasser. Gegen 16.00 Uhr bezogen wir unsere kleine und sehr saubere Ferienwohnung. Der Strand war circa zwei Kilometer entfernt. Obwohl wir etwas müde waren, ging es sofort zum Strand herunter. Die Promenade lud mit verschiedenen Cafés und Futterbuden gleich zum Essen ein. Leckere Fischgerichte und gutes Bier in großen Portionen boten noch günstige Preis-Leistungsverhältnisse. Ich teilte meinem Sohn unsere Ankunft mit. Wir freuten uns auf das gemeinsame Treffen im Urlaubsort in der Nähe des polnischen Haffs. Nach drei Stunden zog es ihn wieder auf seinen Drahtesel und er radelte weiter in Richtung Süden, nach Hause. Er brauchte für seine Ost-Rundtour mit dem Fahrrad circa sechs Wochen.

Einen Tag später fuhren auch meine Freundin und ich wieder nach Hause. Polen zeigte sich in den Tourismusgebieten von einer sehr schönen, gastgeberischen Seite. Ansonsten ist dieses große Land stark von Landwirtschaft geprägt.

Berufswechsel in die Schweiz

Ursprünglich war vereinbart, dass mir mit Arbeitsbeginn eine kleine Wohnung zur Verfügung gestellt würde. Mit dem Start in Basel zeigten sich jedoch gleich Schwierigkeiten. Die angebotene Wohnung durfte nach dem gemeindlichen Gesetz nicht vermietet werden. Nun hatte ich das Problem, schnellstmöglich eine günstige Unterkunft finden zu müssen.

Gott sei Dank hatte ich meine klappbare Liege im Auto. Neben meiner Firma befand sich ein offenes Gewerbegelände mit freien Garagen. So stellte ich drei Wochen lang dort mein Auto ab. Ich baute immer gegen 21.00 Uhr mein Schlaflager auf und konnte dort tatsächlich bei sommerlichen Temperaturen gut bis zum Arbeitsbeginn schlafen. Die Nachmittage verbrachte ich in verschiedenen sehr schönen Schwimmbädern. Es waren ja herrliche Sommertage und so konnte ich dort relaxen und auch schlafen. Mein Essen besorgte ich meistens bei LIDL. Die Preise waren angenehm und auch Fertiggerichte waren dort im Angebot.

Ein Arbeitskollege teilte mir kurz vor Ende August mit, eine Wohnung für mich gefunden zu haben. Eine sehr nette Maklerin zeigte mir dieses Appartement und auch der Mietpreis war günstig, sodass ich sofort mit ihr den Mietvertrag mit Einzug zum 01. September 2019 beschloss. Meine zuständige Gemeinde versandte meinen Antrag auf Arbeitsgenehmigung an die Schweizer Ausländerbehörde. Ohne Genehmigung hatte ich nur ein Bleiberecht für drei Monate. Anfang Oktober bekam ich die Aufenthaltsberechtigung, um für fünf Jahre in der Schweiz arbeiten zu dürfen. Unter der Woche sah ich mir die schöne Stadt Basel an. Am Wochenende ging es dann zur Freundin. Mit meiner Entscheidung, in die Schweiz zu gehen, war sie unglücklich. Sie meinte auch, dass vielleicht eine Trennung das Beste wäre, um mich von dem Fahrstress zu befreien. Ich beruhigte sie und teilte ihr mit, dass bereits dunkle Wolken in der Firma aufzögen.

Anfang November bekam ich von der Firma einen Veränderungsvertrag unter die Nase gerieben mit dem Hinweis, ich solle mich für die Stundenreduzierung entscheiden. Letztendlich hätte ich dann mehr Freizeit. Die Stundenreduzierung war nie im Plan und auch keine Option. Irgendwie wollte ich ja in den letzten zehn Berufsjahren mehr Geld verdienen. So kam dann am 31. Dezember 2019 die Kündigung aus betrieblichen Gründen. Meine Freundin war auf Besuch. Als sie von mir diese frohe Botschaft erhielt, zeigte sie Erleichterung. Für mich kam das nicht überraschend, zumal ich eine sofortige bezahlte Freistellung bekam. Also ging es am Abend auf die tolle Silvesterparty. Wir feierten, aßen, tanzten bis morgens um 4.00 Uhr. Der erste Januar 2020 wurde mit Liebe begrüßt. Nun würde auch bei mir ein neuer Lebensabschnitt beginnen.

Willkommen Neujahr 2020

Was dachte ich da an gute Möglichkeiten? Ob im Beruf oder in der Abarbeitung meiner vielen offenen Baustellen – nicht dass ich mich für einen Terminator hielt, aber es herrschte bei mir der Gedanke vor, Hindernisse könne ich selbst beseitigen. Nach wie vor hielt ich an meiner Philosophie fest, meine Freundin aus allem herauszuhalten. Noch war ich in Basel angemeldet und plante, in einer anderen Schweizer Firma tätig zu werden. Viele Bewerbungen gingen an die Ostschweiz, Zürich und die ganze Westschweiz. Es flatterten haufenweise Absagen in meinen Account. Ich verstand, dass wohl der Weg zurück nach Deutschland besser wäre. Also gingen meine Bewerbungen an Großbetriebe im Allgäu. Recht schnell folgten Einladungen zu persönlichen Gesprächen und meine Entscheidung fiel dabei auf einen großen Memminger Lebensmittelbetrieb.

Mit Arbeitsbeginn zum 03. Februar 2020 folgte die beidseitige Entscheidung, vorerst bei meiner Freundin einzuziehen. Ich zog also aus meinem Basler Appartement aus und quartierte mich bei ihr ein. Postalisch und wohnrechtsmäßig meldete ich mich zu Anfang März aus Basel ab. Der Hintergrund war, dass mich so die offenen Baustellen vorerst nicht würden einholen können. Mir war klar, dass die Haie sich mit der neuen Anschrift im Allgäu sofort auf mich stürzen würden. Ich wollte zudem vermeiden, dass meine Freundin Fragen stellte. Es waren mein Aberglaube und meine Naivität, durch die ich von diesem Vorhaben überzeugt war. Keine Frau in der Welt ist so dumm, dass sie Vertuschungen des Partners übersieht. Für mich galt aber immer noch: Solange keine Heirat oder sonstige Versprechungen erfolgten, blieben diese Angelegenheiten immer meine eigenen. Ich fühlte mich aufgrund des Einzelkämpfermodus' ihr gegenüber nicht verpflichtet, sie an meinen Problemen teilhabenzulassen.

Wiederaufnahme der
Kontrolluntersuchungen

Beim ersten Gespräch mit meinem neuen Hausarzt und dem Vorzeigen der letzten Ergebnisse aus dem Vorjahr nahm er sofort Kenntnis von meiner schweren Erkrankung. Im April 2020 folgten schnell hintereinander die Varizenentfernung in meiner Speiseröhre und die Feststellung, dass der Magen ohne Befund sei. Ende April folgte die Darmspiegelung ebenfalls ohne Befund. Nach Ansicht des behandelnden Arztes würde sich die Metastasierung wohl ausschließlich in meiner Leber abspielen.

Anfang Mai nutzte ich sofort den PETCT-Termin in der Nuklear-Abteilung des Universitätsklinikums Ulm. Das Ergebnis wurde lediglich meinem Hausarzt mitgeteilt. Innerlich war ich nun sehr beunruhigt. Irgendwie spürte ich den Drang, so schnell wie möglich die Therapie zu erhalten. Ich ging zwar noch zur Arbeit, aber meine Konzentration verschwand mehr und mehr. Zudem veränderte sich meine Körperfarbe zu stark vergilbt. Vor allem meine Augen waren davon stark betroffen. Mein Bauch füllte sich mit sehr viel Wasser. Meine Bewegungen wurden langsamer, die Atmung schwerer und der gesamte Organdruck wurde unangenehmer.

»Meine Naivität und Oberflächlichkeit zeigen nun ihre Schwächen! Mein Körper will sich rä-

chen. Schreiend ruft er hervor: *»Wo warst du die letzten Monate?« Nachts schwitze ich, immer begleitet von aufkommender Angst. Der Juckreiz schaltet sich ein. Die Hoffnung kommt und fragt mich, ob es vielleicht schon zu spät ist? Die Nachtruhe ist kurz. Träume begleiten mich. Manche bleiben am nächsten Tag noch in meiner Seele.«*

Geträumt: Ich sitze in einem Fahrzeug, das schwer verunfallt. Im Krankenhaus angekommen erlebe ich, wie ein Chirurg meine Schädeldecke öffnet. Ich erkenne die Herausnahme meines Gehirns und sehe deutlich, wie die Pfleger meine Gehirnmasse reinigen. Danach setzen sie mein Gehirn passgerecht in meinen Kopf zurück. Der Chirurg verbindet sämtliche Anschlüsse und schließt das Schädeldach.

Kündigung des Arbeitgebers

Mit der danach folgenden Krankmeldung erhielt ich sofort die Kündigung von meinem Arbeitgeber. Mein ursprüngliches Pflichtgefühl, das mich anhielt, zu arbeiten, verschwand. Ich ließ los und konzentrierte mich jetzt voll und ganz auf meine Krankheit. Nach der Leberbiopsie entschied man sich sofort für eine Chemotherapie. Für den Beginn wurde Anfang Juni 2020 festgelegt. Schon fühlte ich mich sicher, zumindest zügig diese wichtige Anwendung zu erhalten.

Klinikum Kempten

Fünf Tage vor dem eigentlichen Termin im Universitätsklinikum Ulm bekam ich einen Dauerschluckauf. Alle fünf Sekunden kam dieser hoch. Zu Hause konnte ich nichts dagegen machen. Meine Freundin und ich fuhren zur Apotheke. Dort wurde ein medizinischer Verkauf abgelehnt mit der Empfehlung, stattdessen sofort zum Klinikum Kempten zu fahren. In der Notaufnahme angekommen, wurden allerlei Untersuchungen durchgeführt. Der Notarzt empfahl nach Einsicht der Ergebnisse, doch gleich ins Universitätsklinikum Ulm zu fahren. Ich hingegen wünschte mir aber noch eine Aszitespunktion. Diese wurde dann an diesem Sonntag erfolgreich durchgeführt.

Universitätsklinikum Ulm –
Mein angesagtes Sterben

Am Dienstag erfolgte der Transport zum Universitätsklinikum Ulm. Das Ärzteteam (Stationsärztin, Chemo-Arzt, Assistenzarzt) empfing mich. Es wurde nicht lange um den heißen Brei geredet und mir wurden meine Überlebenschancen mitgeteilt. Ohne Chemo würde mein Tod innerhalb von zwei Tagen eintreten. Mit der Chemo wären die darauffolgenden Nächte mein Ende. Ich hatte denkbar schlechte Blutwerte, die eine Chemo quasi unmöglich machten. Des Weiteren forderte man mich auf, zu erklären, ob ich lebensverlängernde Maßnahmen wünschte. Nach einem kurzen Moment des Schocks bestand ich auf die Chemo und verneinte die lebensverlängernden Maßnahmen. Die Ärzte verließen den Raum. Allein im Krankenzimmer brach ich in Tränen aus. Nun war es so weit. Sollte ich Abschied vom Leben nehmen oder meinen inneren Willen stärken?

»Ich will Leben! Ich fühle mich wie ein junger Baum, der jetzt durch starke Stürme geht. Der Stamm schwankt hin und her. Die älteren Bäume nebenan sind schon gebrochen. Allein zu sein und ohne Schutz ausgesetzt der Gefahr, um zu sterben. Ich bin nicht bereit, ich will noch Lebenszeit.«

Am Nachmittag besuchte mich meine Freundin. Mit leicht verweinten Augen wusste sie bereits über meinen Zustand Bescheid. Ich bat sie, meine bestehende Sterbegeldversicherung zu kontaktieren. In meinem Sterbefall sollte sie Bezugsberechtigte werden. Meine Art der Bestattung legte ich auf die Feuerbestattung fest. Die Grabstelle sollte unbekannt bleiben. Mit zitternder Stimme umarmten wir uns.

Die erste Chemo

Am Nachmittag wurden viele Infusionen und zwei Chemos angehängt. Mir war es mulmig. Nun lag ich allein im Zimmer und alles Erdenkliche wurde in mich hineingepumpt. Streng hielt ich die Augen auf, immer mit der Angst, wenn sie sich schließen und nicht mehr aufgehen, verliere ich meinen Kampf. Sofort veränderte sich meine Stimmungslage. Ich fühlte mich sehr abgeschlafft. Noch war ich aber in der Lage, wichtige Dinge wie Toilettengang und Körperhygiene selbst durchzuführen. Nicht einen Moment dachte ich an meinen beginnenden körperlichen Verfall. Die Nacht wurde hart für mich, ich konnte nicht schlafen und die Augen nicht zumachen. So überstand ich tatsächlich überraschend die erste Chemo. Am nächsten Tag wusste ich vor Müdigkeit nicht, wie ich im Bett liegen sollte. Ich wälzte mich hin und her und mein Hinterteil tat weh. Die zweite Chemo wurde mir dann am Abend gegeben. Diese verlief ohne Komplikationen und die darauffolgende Nacht überstand ich relativ gut. Am dritten Tag bekam ich noch eine weitere Infusion mit Chemo. Die äußeren Nebenfolgen der Infusionen blieben aus. Bei der Visite der Stationsärztin im Beisein von drei weiteren Ärzten erlebten sie mich erstaunt und auch mit Freude. Der Patient lebt! Stark vergilbt gab ich mich zum Besten. Sehr müde und völlig geschlaucht sah ich aus. Ich versuchte, den Kommentaren zu folgen. Die erste Therapie war überlebt.

Punktion der Aszites und Verletzung der Blutgefäße im Bauchraum

Die Stationsärztin bereitete an meinem Bett die Punktion vor. Mit Sicherheit folgte das Einführen der kleinen Hohlnadel. Die angeschlossenen Beutel füllten sich rasch. Schmerzen hatte ich keine. Nach Ablauf von vier Beuteln endete die Punktion.

Zwei Stunden nach der Punktion fühlte ich einen Blutsturz im Bauchraum. Die Schwester tat alles, um meinen stark gesunkenen Blutdruck von 80/50 wieder auf über 100 zu bekommen. Es passierte jedoch nicht. Ich fühlte mich sehr schlecht und konnte die Augen nicht aufhalten. Ferner sah ich nicht mehr klar und deutlich, es war alles so hell. Die Nachtärztin erkannte sofort, dass ich nicht mehr auf der Station bleiben konnte. Ich kämpfte indes gegen die wahnsinnige Müdigkeit. Ich wurde etwas später in die Überwachungsstation gebracht. Nur halb lebendig lag ich im Bett. Mehrere Schwestern und die Ärztin spritzten mir Medikamente. Immer wieder fiel ich in Sekundenschlaf. Mit der Legung des Blasenkatheters ging es auf die Intensivstation.

Intensivstation: Letzte Verbindung zum Leben bis zum Anfang Petrus'

Hoffnung, Trauer, Leben und Sterben

Nun lag ich in diesem Zimmer. Viele Leitungen wurden über Shunts und Ports angeschlossen. Viele unterschiedliche Stoffe wurden in mich eingeflößt. Mein Kreislauf war sehr schwach. Es war mir nicht möglich, auf geistiger Höhe zu bleiben. Meine Pflege war in vollem 24-Stundenmodus. Liebevoll wurde ich jeden Tag gewaschen und mit neuen Pflastern eingepackt. Die Nächte zum Schlafen waren für mich schwierig. Der ständige Ton der laufenden Geräte machte die Einschlafphase unmöglich. Am nächsten Tag ging es zur Radiologie, um die besagten Gefäßblutungen zu veröden. Das dauerte zwei Stunden. Nach erfolgreichem Abschluss des Eingriffs ging es wieder zurück auf die Intensivstation. Die Arztvisiten kamen dreimal täglich. Weitere Vorgehensweisen wurden abgeklärt.

Für jede abgeschlossene Prozedur war ich dankbar und glücklich. Mein Überlebenswille hatte mich dabei immer zu Selbstgesprächen animiert. Die Ärzte ließen aber keine Zweifel daran, dass es noch lange dauern würde, bis es so weit war. Der Physiotherapeut kam schon am dritten Tag und bewegte meine Füße. In beiden hatten sich bereits Ödeme gebildet. Ich hatte keine Kraft, die Beine nach oben zu hieven. Ich sah auf meine Oberschenkel und erschrak als ich sah, dass meine Läufer-Oberschenkel nun so dünn waren wie Lakritzstangen. Meine Oberarme bildeten sich zu Ärmchen zurück. Immer wieder wurde auch mein Aszites-Bauch punktiert. Schwierigkeiten bereitete mir auch die ständige Rückenlage. Mein Becken und mein Hinterteil mich ein Pfleger auf die Bettkante. Reden fiel mir schwer. So bekam ich von meinen Besuchen nicht allzu viel mit. Am Tage hatte ich meinen Sekundenschlaf. Wachhalten funktionierte nicht mehr. Mein Kreislauf kam nicht höher als circa 80/50. Das machte auch den Ärzten Sorge.

Nach knappe drei Wochen Aufenthalt wurde ich in die Überwachungsstation zurückverlegt. Ziel war dort, mich auf die nächste Chemo vorzubereiten. Ich hoffte und betete, dass meine Blutwerte ausreichten. Da dies der Fall war, folgte die Verlegung auf mein altes Zimmer der Station M2cd Innere Abteilung. Zwei Tage später gab es meine liebgewonnene Chemo mit der Hoffnung, sie würde den Krebs erfolgreich angreifen. Dreimal die Woche hatte ich meine Dialyse. Am Anfang kam nur eine schwarze Flüssigkeit heraus. Das ging ohne Urinablass mindestens zehn Tage. Meine Nieren waren stark angeschlagen. Die Dialyse sollte ein Teil meines Lebens werden. In meinem Bett sammelte sich mein ganzes Haar. Ja, nun war es so weit, meine Haare fielen büschelweise aus. Mein Gesicht wurde so schmal, dass ich keine Wangen mehr hatte. Meine Augen waren stark gelb und die Haut ebenfalls.

Das Bilirubin war stark in meinem Körper enthalten. Es würde einige Zeit vergehen, bis alles draußen war.

Nach knapp acht Wochen Klinikaufenthalt bekam ich einen sehr netten Bettnachbarn. Wir merkten im Gespräch viele Gemeinsamkeiten. Bereits am Wochenende brachte seine Frau eine sehr leckere Brotzeit mit. Am Sonntag darauf aßen wir alles wie auf den Bayerischen Festwochen. Als Amerika-Experte erzählte er von seinen vielen Rundreisen. Sein Zweitwohnsitz war ein sehr schönes Haus im Süden von Florida. So war die letzte Woche im Universitätsklinikum eine angenehme Zeit.

Verlegung in die Onkologie
des Klinikums Kempten

Meine privaten Lebensverhältnisse änderten sich schlagartig. Die Verbindung zu meiner Freundin löste sich auf. So meldete sich umgehend die soziale Einrichtung in Kempten bei meiner Aufnahme und teilte mir mit, dass mir nunmehr das Amtsgericht nach meinem Willen eine amtliche Betreuerin für ein halbes Jahr zur Seite stellen würde. Es müsse nach einer Wohnung gesucht werden. Durch den Gerichtsbeschluss konnte die Betreuerin für mich in allen bis dahin angefallenen Belangen tätig werden.

Die dritte Chemo wurde bei mir komplikationslos aufgenommen. Die Dialysen wurden weiterhin dreimal in der Woche durchgeführt. Meine Urinausfuhr war dabei schon seit drei Wochen aktiv, sodass man von einer Erholung der Nieren ausgehen konnte. Als schon seit einer Woche keine Dialyse mehr durchgeführt wurde, sollte nunmehr der Aszites eingeschränkt werden. Abgesehen von der täglichen Wundreinigung der Drainage, der Bluttransfusionen, der Ultraschalluntersuchungen und der Heparin-Spritzen normalisierte sich so langsam mein Leben. Besondere Freude bereiteten mir meine zwei Masseure. Täglich wurde der Rücken geölt und massiert. Der Kollege kümmerte sich um meine Beine und Oberschenkel. Die Lymphknotenmassage vom

Fußknöchel bis zum Becken reizte dabei auch meine Muskulatur. Ganz besonders auffällig war das gut zubereitete Essen. Geschmacklich vergleichbar mit einem gutbürgerlichen Gasthaus. Die dargereichten Suppen waren immer frisch und erkennbar als Konsommee hergestellt.

»*Intensiv und Abschied nehmen. Petrus, willst du mir deine Hände reichen, so kann ich nicht weichen. Das Leiden und aus dem Leben scheiden ist dir bekannt. Millionenfach hast du es gesehen. Lange galt für mich das irdische. Nur noch eine Handbreit fehlt zu dir, oder ich bleibe noch auf Intensiv im Zimmer hier.*

Ich weine und die Tränen fließen wie ein Wasserfall. Was man sich jahrelang zu den Geburtstagen schenkte, sich die Krankheit hineinlenkte. Ich will leben und mein Herz schlägt noch. Ich will reden, die Stimmbänder vibrieren. Die Augen blicken klar und was ich höre ist wunderbar.

In der Morgendämmerung sehe ich die leuchtenden Sterne. Die ersten Vöglein zwitschern und unterhalten sich über den Mond in der Ferne. Ein sanfter Wind bläst in meinem Zimmer um meinen Körper herum. Eine Sternenschnuppe sehe ich blitzen, gerne würde ich jetzt draußen sitzen.«

Professoren und Ärzte, von fundamentalem Fachwissen geprägt, öffneten mir ein Stückchen mehr meinen Lebensweg. Die Schwestern und Pfleger, in professioneller Art ihrer Zuständigkeit, hatten immer für ein Gespräch Zeit. Die Lebensuhr soll noch schlagen für viele Tage.

Meine Psyche

Besonders in den Nächten stellte ich mir viele Fragen. Das Einschlafen fiel mir schwer. Weil ich auf mich allein gestellt war, konnte ich zu keinen Lösungen kommen. Zwischendrin war ich so verzweifelt, dass ich am liebsten alles stehen lassen wollte, um irgendwo in einem anderen Land unterzutauchen. Das ständige Wahrnehmen von Arztterminen und beruflichen Terminen engte mich in freizeitlichen Dingen stark ein. Jeder Arzttermin war immer mit Ängsten verbunden. Zuerst war die Angst im Wartezimmer. Im Ärztezimmer flammte die Hoffnung auf und nach der Untersuchung folgte die Zuversicht.

Ablenkung durch die Urlaube

Das Planen der Urlaube öffnete mir den Raum und die Flucht in meine Freiheit. Alles Geld, was ich monatlich übrig hatte, schoss ich dort hinein. Sparen kam mir nicht mehr in den Sinn. Viele gleichaltrige Kollegen schmunzelten bei meinem Lebenswandel. Ihr Lebensziel sei das Verreisen oder ein zweiter Wohnsitz in einem südlicheren Land zur Rente hin. Wer es nicht besser weiß, Gott hat für jeden andere Pläne vor.

Die Intensivstation und Petrus

Warum die Intensivstation sehr nah am Himmelreich ist und der Wächter Petrus mit dem Schlüssel auf die Neuankömmlinge wartet? Es würde die Einhaltung von irdischen Geboten überprüft, um gesondert in das Himmelreich eintreten zu können. Andere Versterbende kommen in den Himmel. Das Sterben betrifft alle und die Seelen entfliehen aus dem zerfallenen Körper. Für mich besteht darin die Angst, vom Irdischen loszulassen. Mein Bewusstsein wünscht sich im geistigen Gespräch die Hilfe, die es braucht, um zu überleben. Es ist so, weil ich mich vom Alter her noch zu jung fühle. Jedoch wäre ich ohne medizinische Hilfe jetzt schon hüllenlos.

»Danke, meine Mutter, in der schweren Stunde kamen kraftvolle Worte aus deinem Munde. Du saßt an meinem Bett und strahltest Ruhe aus. Ich spürte deine kleine Hand. So wie früher als ich dein Knabe war. Es war das Gefühl, auf deinem Schoße zu sitzen. Deine Wärme, so nah wie vor 50 Jahr'n, bleibt unvergesslich wunderbar. Deine braunen Augen mit besorgten Blicken möchten mir die Gesundheit schicken.

Mein Bruder, von Spontaneität besetzt, ist mit seiner Frau zu mir gehetzt. Nette Gespräche öffneten sich. Was früher uns gemeinsam stärkte und verband, in der Zukunft sich wiederfand. Der Sport und Job wurden damals gleich gewählt. Auch von den Kindern hatten wir fast der gleichen viel.«

Dass ich heute noch leben darf, liegt besonders an der sehr guten Zusammenarbeit zwischen meinen Hausärzten und den behandelnden Kliniken.

Hausärzte:
Herr Dr. Mellinghoff
Herr Dr. Rist

Asklepiosklinik Lindau:
Herr Dr. Linhart, Chefarzt der Inneren Medizin
Sämtliche Schwestern und Pfleger

Universitätsklinikum Ulm:
Herr Prof. Dr. Seufferlein, Direktor der Inneren Medizin
Sämtliche Stationsärzte der Inneren Medizin, Überwachungsstation und Intensivstation
Sämtliche Schwestern und Pfleger

Klinikum Kempten:
Stationsärzte der Onkologie
Sämtliche Schwestern und Pfleger
Alle Masseure und Physiotherapeuten

Dankeschön an alle! Ich durfte die Liebe zum Leben für den Menschen spüren. Immer mit dem Ausspruch und der Ehrlichkeit, dass man den Berg noch nicht geschafft habe.

Liebe Grüße
Udo Quentmeier